L'homme qui en savait trop

GK Chesterton

Writat

Cette édition parue en 2023

ISBN : 9789359253206

Publié par
Writat
email : info@writat.com

Contenu

I. LE VISAGE DANS LA CIBLE ....- 1 -

II. LE PRINCE DISPARAISSANT ....- 18 -

III. L'ÂME DE L'ÉCOLIER ....- 35 -

IV. LE PUITS SANS FOND ....- 48 -

V. L'ENVIE DU PÊCHEUR ....- 63 -

VI. LE TROU DANS LE MUR ....- 80 -

VII. LE TEMPLE DU SILENCE ....- 100 -

VIII. LA VENGEANCE DE LA STATUE ....- 122 -

I. LE VISAGE DANS LA CIBLE

Harold March, le critique et critique social montant, traversait vigoureusement un grand plateau de landes et de communes, dont l'horizon était bordé par les bois lointains du célèbre domaine de Torwood Park. C'était un beau jeune homme en tweed, avec des cheveux bouclés très pâles et des yeux clairs et pâles. Marchant au vent et au soleil dans le paysage même de la liberté, il était encore assez jeune pour se souvenir de sa politique et ne pas simplement essayer de l'oublier. Car sa mission à Torwood Park était politique ; c'était le lieu de nomination désigné par non moins une personne que le chancelier de l'Échiquier, Sir Howard Horne, présentant alors son soi-disant budget socialiste et s'apprêtant à l'exposer dans une interview avec un correspondant si prometteur. Harold March était le genre d'homme qui sait tout sur la politique et rien sur les politiciens. Il connaissait également beaucoup de choses sur l'art, les lettres, la philosophie et la culture générale ; sur presque tout, en fait, sauf le monde dans lequel il vivait.

Brusquement, au milieu de ces plaines ensoleillées et venteuses, il rencontra une sorte de fente presque assez étroite pour qu'on puisse l'appeler une fissure dans le terrain. Il était juste assez grand pour servir de cours d'eau à un petit ruisseau qui disparaissait par intervalles sous de verts tunnels de sous-bois, comme dans une forêt naine. En effet, il avait l'impression étrange d'être un géant regardant la vallée des pygmées. Mais lorsqu'il tomba dans le creux, l'impression se perdit ; les berges rocheuses, bien qu'à peine au-dessus de la hauteur d'une chaumière, pendaient et avaient le profil d'un précipice. Alors qu'il commençait à parcourir le cours du ruisseau, avec une curiosité vaine mais romantique, et qu'il voyait l'eau briller en courtes bandes entre les gros rochers gris et les buissons aussi doux que de grandes mousses vertes, il tomba dans une veine de fantaisie tout à fait opposée. C'était un peu comme si la terre s'était ouverte et l'avait englouti dans une sorte de monde souterrain de rêves. Et lorsqu'il prit conscience d'une silhouette humaine sombre sur le courant argenté, assise sur un gros rocher et ressemblant un peu à un gros oiseau, c'était peut-être avec certaines des prémonitions propres à un homme qui rencontre l'amitié la plus étrange de sa vie.

L'homme pêchait apparemment ; ou du moins était figé dans une attitude de pêcheur avec plus que l'immobilité d'un pêcheur. March a pu examiner l'homme presque comme s'il avait été une statue pendant quelques minutes avant que la statue ne parle. C'était un homme grand, blond, cadavérique et un peu nonchalant, avec de lourdes paupières et un nez haut . Lorsque son visage était ombragé par son large chapeau blanc, sa moustache claire et sa silhouette souple lui donnaient un air de jeunesse. Mais le Panama gisait sur la mousse à côté de lui ; et le spectateur pouvait voir que son front était prématurément chauve ; et cela, combiné à un certain creux autour des yeux, donnait un air de casse-tête et même de mal de tête. Mais ce qu'il y avait de plus curieux chez lui, comme on s'en rendit compte après un bref examen, c'était que, même s'il ressemblait à un pêcheur, il ne pêchait pas.

Il tenait, au lieu d'une canne, quelque chose qui aurait pu être une épuisette dont se servent certains pêcheurs, mais qui ressemblait beaucoup plus au filet-jouet ordinaire que portent les enfants, et dont ils se servent généralement indifféremment pour les crevettes ou les papillons. Il le trempait de temps en temps dans l'eau, regardait sérieusement la récolte d'herbe ou de boue et le vidait à nouveau.

« Non, je n'ai rien attrapé », remarqua-t-il calmement, comme s'il répondait à une question tacite. « Quand je le fais, je dois le rejeter à nouveau ; surtout les gros poissons. Mais certaines petites bêtes m'intéressent quand je les ai .

« Un intérêt scientifique, je suppose ? observé en mars.

"D'un genre plutôt amateur, je le crains", répondit l'étrange pêcheur. « J'ai une sorte de passe-temps pour ce qu'ils appellent les « phénomènes de phosphorescence ». Mais il serait plutôt gênant de se promener en société avec du poisson puant.»

"Je suppose que ce serait le cas", a déclaré March avec un sourire.

— Plutôt étrange d'entrer dans un salon avec une grosse morue lumineuse, continua l'inconnu avec son air nonchalant. « Comme ce serait pittoresque si on pouvait le transporter comme une lanterne, ou avoir de petits sprats en guise de bougies. Certaines bêtes marines seraient vraiment très jolies comme des abat-jour ; l'escargot de mer bleu qui brille partout comme la lumière des étoiles ; et certaines étoiles de mer rouges brillent vraiment comme des étoiles rouges. Mais bien entendu, je ne les cherche pas ici.

March songea à lui demander ce qu'il cherchait ; mais, ne se sentant pas à la hauteur d'une discussion technique au moins aussi profonde que celle des poissons des grands fonds, il revint à des sujets plus ordinaires.

"C'est une sorte de trou délicieux", dit-il. « Ce petit vallon et cette rivière ici. C'est comme ces endroits dont parle Stevenson, où quelque chose devrait se produire.

«Je sais», répondit l'autre. «Je pense que c'est parce que le lieu lui-même, pour ainsi dire, semble se produire et non simplement exister. C'est peut-être ce que le vieux Picasso et certains cubistes tentent d'exprimer par des angles et des lignes irrégulières. Regardez ce mur comme des falaises basses qui s'avancent juste à angle droit par rapport à la pente de gazon qui y monte. C'est comme une collision silencieuse. C'est comme un déferlement et le contre-courant d'une vague.

March regarda le rocher aux sourcils bas qui surplombait la pente verte et hocha la tête. Il s'intéressait à un homme qui passait si facilement des technicités de la science à celles de l'art ; et lui a demandé s'il admirait les nouveaux artistes angulaires.

"A mon avis, les cubistes ne sont pas assez cubistes", répondit l'inconnu. « Je veux dire, ils ne sont pas assez épais. En rendant les choses mathématiques, ils les rendent minces. Retirez les lignes vivantes de ce paysage, simplifiez-le à angle droit et vous l'aplatissez en un simple diagramme sur papier. Les diagrammes ont leur propre beauté ; mais c'est tout à fait l'autre genre. Ils représentent les choses inaltérables ; les vérités calmes, éternelles et mathématiques ; ce que quelqu'un appelle « l'éclat blanc de »… »

Il s'arrêta, et avant que le mot suivant n'arrive, quelque chose s'était produit presque trop rapidement et trop complètement pour être réalisé. De derrière le rocher en surplomb, il y avait un bruit et un bruit semblable à celui d'un train ; et une grande automobile apparut. Il dominait la crête de la falaise, noir sous le soleil, comme un char de combat se précipitant vers la destruction dans une épopée sauvage. March tendit automatiquement la main dans un geste futile, comme pour attraper une tasse de thé qui tombait dans un salon.

Pendant une fraction d' éclair, il sembla quitter le rebord rocheux comme un navire volant ; alors le ciel lui-même sembla tourner comme une roue, et il gisait en ruine au milieu des hautes herbes en contrebas, une ligne de fumée grise s'élevant lentement dans l'air silencieux. Un peu plus bas, la silhouette d'un homme aux cheveux gris gisait dévalant la pente verte et abrupte, ses membres gisaient au hasard et son visage se détournait.

Le pêcheur excentrique laissa tomber son filet et se dirigea d'un pas rapide vers l'endroit, suivi de sa nouvelle connaissance. À mesure qu'ils approchaient, il semblait y avoir une sorte d'ironie monstrueuse dans le fait que la machine morte palpitait et tonnait toujours aussi activement qu'une usine, tandis que l'homme restait immobile.

Il était incontestablement mort. Le sang coulait dans l'herbe d'une fracture désespérément mortelle à l'arrière du crâne ; mais le visage, qui était tourné vers le soleil, n'était pas blessé et était étrangement saisissant en soi. C'était un de ces cas de visage étrange si évident qu'il semble familier. Nous pensons, d'une manière ou d'une autre, que nous devrions le reconnaître, même si ce n'est pas le cas. C'était un animal large et carré, avec de grandes mâchoires, presque comme celles d'un singe hautement intellectuel ; la large bouche fermée si étroitement qu'elle n'était tracée que par une simple ligne ; le nez court avec des sortes de narines qui semblent béantes avec un appétit pour l'air. La chose la plus étrange à propos de ce visage était que l'un des sourcils était relevé selon un angle beaucoup plus prononcé que l'autre. March pensait n'avoir jamais vu un visage aussi naturellement vivant que celui mort. Et son énergie laide semblait d'autant plus étrange qu'elle était entourée de cheveux chenus. Quelques papiers gisaient à moitié tombés de la poche, et March en sortit un porte-cartes. Il lut à haute voix le nom sur la carte.

« Sir Humphrey Turnbull. Je suis sûr d'avoir entendu ce nom quelque part.

Son compagnon poussa seulement une sorte de petit soupir et resta silencieux un instant, comme s'il ruminait, puis il se contenta de dire : « Le pauvre garçon est tout à fait parti », et il ajouta quelques termes scientifiques dans lesquels son auditeur se trouva une fois de plus hors de lui. sa profondeur.

« Dans l'état actuel des choses, poursuit le même curieusement bien informé, il nous sera plus légal de laisser le corps tel quel jusqu'à ce que la police en soit informée. En fait, je pense que ce serait bien si personne, à l'exception de la police, n'était informé. Ne soyez pas surpris si j'ai l'air de garder l'obscurité face à certains de nos voisins d'ici. Puis, comme poussé à régulariser sa confiance un peu brusque, il dit : « Je suis descendu voir mon cousin à Torwood ; je m'appelle Horne Fisher. C'est peut-être un jeu de mots sur mes poteries ici, n'est-ce pas ? »

« Sir Howard Horne est-il votre cousin ? » demanda Mars. « Je vais à Torwood Park pour le voir moi-même ; seulement à propos de son travail public, bien sûr, et de la merveilleuse position qu'il prend pour ses principes. Je pense que ce budget est la plus grande chose de l'histoire anglaise. S'il échoue, ce sera l'échec le plus héroïque de l'histoire anglaise. Êtes-vous un admirateur de votre grand parent, M. Fisher ?

"Plutôt", a déclaré M. Fisher. "C'est le meilleur tireur que je connaisse."

Puis, comme sincèrement repentant de sa nonchalance, il ajouta avec une sorte d'enthousiasme :

"Non, mais vraiment, c'est un *beau* cliché."

Comme enflammé par ses propres paroles, il fit une sorte de bond vers les rebords du rocher au-dessus de lui et les escalada avec une agilité soudaine, contrastant de façon saisissante avec sa lassitude générale. Il était resté quelques secondes sur le promontoire au-dessus, son profil aquilin sous le chapeau Panama se détachant sur le ciel et scrutant la campagne avant que son compagnon ne se soit suffisamment ressaisi pour se précipiter après lui.

Le niveau supérieur était une étendue de gazon commun sur laquelle les traces de la destinée voiture étaient assez clairement labourées ; mais le bord en était brisé comme avec des dents rocheuses ; des rochers brisés de toutes formes et de toutes tailles gisaient près du bord ; il était presque incroyable que quelqu'un ait délibérément pu tomber dans un tel piège mortel, surtout en plein jour.

«Je n'arrive pas à comprendre cela», a déclaré March. « Était-il aveugle ? Ou ivre aveugle ?

"Ni l'un ni l'autre, à en juger par son apparence", répondit l'autre.

"Ensuite, c'était un suicide."

« Cela ne semble pas être une façon confortable de procéder », a fait remarquer l'homme appelé Fisher. "En plus, je ne pense pas que ce pauvre vieux Puggy se suiciderait, d'une manière ou d'une autre."

"Pauvre vieux qui?" » s'enquit le journaliste étonné. « Connaissez-vous ce malheureux ?

«Personne ne le connaissait exactement», répondit Fisher avec une certaine vague. « Mais on le *connaissait* , bien sûr. Il avait été une terreur à son époque, au Parlement et dans les tribunaux, etc. ; surtout dans cette dispute sur les extraterrestres qui ont été expulsés comme indésirables, alors qu'il voulait que l'un d' entre eux soit pendu pour meurtre. Il en avait tellement marre qu'il s'est retiré du banc. Depuis lors, il se déplaçait principalement seul ; mais il venait aussi à Torwood pour le week-end ; et je ne vois pas pourquoi il se briserait délibérément le cou presque devant la porte. Je crois que Hoggs — je veux dire mon cousin Howard — venait spécialement pour le rencontrer.

« Torwood Park n'appartient pas à votre cousin ? » s'enquit Mars.

"Non; il appartenait aux Winthrops , vous savez, répondit l'autre. «Maintenant, un nouvel homme l'a compris; un homme de Montréal nommé Jenkins. Hoggs vient pour le tournage ; Je vous ai dit que c'était un joli tireur.

Cet éloge répété du grand homme d'État social a affecté Harold March comme si quelqu'un avait défini Napoléon comme un joueur de sieste distingué. Mais il avait une autre impression à moitié formée, luttant dans ce flot de choses inconnues, et il la fit remonter à la surface avant qu'elle ne puisse disparaître.

«Jenkins», répéta-t-il. « Vous ne parlez sûrement pas de Jefferson Jenkins, le réformateur social ? Je veux dire l'homme qui se bat pour le nouveau projet de lotissement. Il serait aussi intéressant de le rencontrer que n'importe quel ministre du Cabinet dans le monde, si vous me permettez de le dire.

"Oui; Hoggs lui a dit qu'il faudrait que ce soient des chalets", a déclaré Fisher. « Il disait que la race du bétail s'était trop souvent améliorée et que les gens commençaient à rire. Et bien sûr, il faut attacher une pairie à quelque chose ; bien que le pauvre type ne l'ait pas encore compris. Bonjour, voici quelqu'un d'autre.

Ils s'étaient mis à marcher dans les traces de la voiture, la laissant derrière eux dans le creux, bourdonnant toujours horriblement comme un énorme insecte qui aurait tué un homme. Les traces les menèrent jusqu'au coin de la route dont un bras continuait dans la même ligne vers les portes lointaines du parc. Il était clair que la voiture avait roulé sur la longue route droite, puis, au lieu de tourner sur la route à gauche, elle avait continué tout droit sur le gazon jusqu'à sa perte. Mais ce n'était pas cette découverte qui avait retenu l'attention de Fisher, mais quelque chose d'encore plus solide. A l'angle de la route blanche, une silhouette sombre et solitaire se tenait presque aussi immobile qu'un doigt. C'était celui d'un grand homme en tenue de chasse grossière, tête nue et dont les cheveux bouclés et ébouriffés lui donnaient un air un peu sauvage. En s'approchant de plus près, cette première impression plus fantastique s'estompa ; en pleine lumière, la silhouette prenait des couleurs plus conventionnelles, comme celles d'un gentleman ordinaire qui serait sorti sans chapeau et sans se brosser les cheveux très soigneusement. Mais la stature massive restait, et quelque chose de profond et même de caverneux dans la position des yeux rachetait sa beauté animale du banal. Mais March n'eut pas le temps d'examiner l'homme de plus près, car, à son grand étonnement, son guide se contenta d'observer : « Bonjour, Jack ! et il passa devant lui comme s'il eût bien été un panneau indicateur, et sans chercher à l'informer de la catastrophe au-delà des rochers. C'était relativement peu de chose, mais ce n'était que le premier d'une série de pitreries singulières dans lesquelles son nouvel et excentrique ami le conduisait.

L'homme qu'ils avaient croisé s'occupait d'eux d'une manière plutôt méfiante, mais Fisher continuait sereinement son chemin le long de la route droite qui passait devant les portes du grand domaine.

«C'est John Burke, le voyageur», a-t-il daigné expliquer. « J'imagine que vous avez entendu parler de lui ; tire du gros gibier et tout ça. Désolé, je n'ai pas pu m'arrêter pour vous présenter, mais j'ose dire que vous le rencontrerez plus tard.

"Je connais son livre, bien sûr", a déclaré March avec un intérêt renouvelé. "C'est certainement une belle description, à savoir qu'ils n'étaient conscients de la proximité de l'éléphant que lorsque la tête colossale bloquait la lune."

« Oui, le jeune Halkett écrit très bien, je pense. Quoi? Ne saviez-vous pas que Halkett a écrit le livre de Burke pour lui ? Burke ne peut rien utiliser d'autre qu'une arme à feu ; et tu ne peux pas écrire avec ça. Oh, il est assez authentique à sa manière, vous savez, aussi courageux qu'un lion, ou bien plus courageux à tous points de vue.

« Vous semblez tout savoir sur lui, observa March avec un rire plutôt ahuri, et sur bien d'autres personnes.

Le front chauve de Fisher s'est brusquement ondulé et une expression curieuse est apparue dans ses yeux.

«J'en sais trop», dit-il. « C'est ça qui ne va pas chez moi. C'est le problème entre nous tous et avec tout le spectacle ; nous en savons trop. Trop de choses les uns sur les autres ; trop sur nous-mêmes. C'est pourquoi je m'intéresse vraiment, en ce moment, à une chose que je ne connais pas.

"Et c'est?" demanda l'autre.

"Pourquoi ce pauvre garçon est mort."

Ils avaient marché le long de la route droite pendant près d'un mile, conversant de cette façon à intervalles réguliers ; et March avait le sentiment singulier que le monde entier était sens dessus dessous. M. Horne Fisher n'a pas particulièrement abusé de ses amis et de ses proches dans la société à la mode ; de certains d'entre eux, il parla avec affection. Mais il s'agissait apparemment d'un tout nouveau groupe d'hommes et de femmes, dotés des mêmes nerfs que ceux dont on parlait le plus souvent dans les journaux. Pourtant, aucune fureur de révolte ne pouvait lui paraître plus révolutionnaire que cette froide familiarité. C'était comme la lumière du jour de l'autre côté du décor.

Ils atteignirent les grandes portes du parc et, à la surprise de March, les dépassèrent et continuèrent le long de l'interminable route blanche et droite. Mais il arrivait lui-même trop tôt pour son rendez-vous avec Sir Howard, et n'était pas réticent à voir la fin de l'expérience de son nouvel ami, quelle qu'elle puisse être. Ils avaient depuis longtemps laissé la lande derrière eux, et la moitié de la route blanche était grise dans la grande ombre des forêts de pins de Torwood , elles-mêmes comme des barres grises fermées au soleil et, au milieu de ce midi clair, fabriquant leur propre minuit. Bientôt, cependant, des fissures commencèrent à apparaître en eux comme des lueurs de fenêtres colorées ; les arbres s'éclaircissaient et tombaient à mesure que la route avançait, laissant apparaître les bosquets sauvages et irréguliers dans lesquels, comme le disait Fisher, la fête à la maison avait flambé toute la journée. Et environ deux cents mètres plus loin, ils arrivèrent au premier virage de la route.

Au coin se trouvait une sorte d'auberge délabrée avec l'enseigne crasseuse des Raisins. Le panneau était sombre et indéchiffrable à présent, et accroché noir sur le ciel et la lande grise au-delà, à peu près aussi invitant qu'une potence . March remarqua que cela ressemblait à une taverne servant du vinaigre au lieu du vin.

« Une bonne phrase, dit Fisher, et elle le serait aussi si vous étiez assez stupide pour y boire du vin. Mais la bière est très bonne, tout comme le cognac.

March le suivit jusqu'au bar avec étonnement, et son vague sentiment de répugnance ne fut pas dissipé par la première vue de l'aubergiste, qui était très différent des sympathiques aubergistes de la romance, un homme osseux, très silencieux derrière une moustache noire, mais avec des yeux noirs et agités. Tout taciturne qu'il fût, l'enquêteur parvint enfin à lui soutirer un bribe d'information, à force de commander de la bière et de lui parler avec insistance et minutie au sujet des automobiles. Il considérait évidemment l'aubergiste comme, d'une manière singulière, une autorité en matière d'automobiles ; comme étant plongé dans les secrets du mécanisme, de la gestion et de la mauvaise gestion des automobiles ; tenant l'homme tout le temps avec un œil brillant comme l'ancien marin. De toute cette conversation assez mystérieuse émergea enfin une sorte d'aveu selon lequel une automobile particulière, d'une description donnée, s'était arrêtée devant l'auberge environ une heure auparavant, et qu'un homme âgé en était descendu, nécessitant une assistance mécanique. Interrogé si le visiteur avait besoin d'une autre aide, l'aubergiste répondit brièvement que le vieux monsieur avait rempli sa gourde et pris un paquet de sandwichs. Et sur ces mots, l'hôte un peu inhospitalier était sorti précipitamment du bar, et on l'entendit claquer les portes dans l'intérieur sombre.

L'œil fatigué de Fisher parcourut le salon poussiéreux et morne de l'auberge et se posa rêveusement sur une vitrine contenant un oiseau en peluche, avec un fusil accroché à des crochets au-dessus, qui semblait être son seul ornement.

« Puggy était un humoriste », observa-t-il, « du moins dans son style plutôt sombre. Mais cela semble être une plaisanterie trop sinistre pour un homme d'acheter un paquet de sandwichs alors qu'il est sur le point de se suicider.»

"Si vous en arrivez à cela", répondit March, "il n'est pas très habituel qu'un homme achète un paquet de sandwichs alors qu'il se trouve juste devant la porte d'une grande maison où il va s'arrêter."

"Non . . . non, répéta Fisher presque machinalement ; puis il leva soudain un regard vers son interlocuteur avec une expression beaucoup plus vive.

"Par jupiter! c'est une idée. Vous avez parfaitement raison. Et cela suggère une idée très étrange, n'est-ce pas ?

Il y eut un silence, puis le mois de mars commença avec une nervosité irrationnelle lorsque la porte de l'auberge s'ouvrit brusquement et qu'un autre homme se dirigea rapidement vers le comptoir. Il l'avait frappé avec une pièce de monnaie et avait demandé du cognac avant d'apercevoir les deux autres invités, assis à une table en bois nue sous la fenêtre. Lorsqu'il se retourna avec un regard plutôt sauvage, March eut encore une autre émotion inattendue, car son guide salua l'homme sous le nom de Hoggs et le présenta sous le nom de Sir Howard Horne.

Il avait l'air un peu plus âgé que ses portraits d'enfant dans les journaux illustrés, comme c'est le cas pour les hommes politiques ; ses cheveux plats et blonds étaient teintés de gris, mais son visage était rond presque comiquement, avec un nez romain qui, combiné à ses yeux vifs et brillants, évoquait vaguement une réminiscence de perroquet. Il avait une casquette plutôt à l'arrière de la tête et un pistolet sous le bras. Harold March avait imaginé beaucoup de choses à propos de sa rencontre avec le grand réformateur politique, mais il ne l'avait jamais imaginé avec un pistolet sous le bras, buvant du cognac dans un pub.

« Donc, vous vous arrêtez aussi chez Jink », a déclaré Fisher. "Tout le monde semble être chez Jink."

«Oui», a répondu le chancelier de l'Échiquier. « Très bon tir. Au moins, tout cela n'est pas le tournage de Jink. Je n'ai jamais connu un gars avec un si bon tir qui était un si mauvais tireur. Remarquez que c'est un très bon garçon et tout ça ; Je ne dis pas un mot contre lui. Mais il n'a jamais appris à tenir une arme à feu lorsqu'il emballait du porc ou quoi qu'il fasse. On dit qu'il tira la cocarde du chapeau de son propre serviteur ; tout comme lui d'avoir des cocardes, bien sûr. Il a tiré sur la girouette de son propre pavillon doré et ridicule. C'est le seul coq qu'il tuera jamais, je pense. Est-ce que tu viens là-bas maintenant ?

Fisher dit, assez vaguement, qu'il le suivrait bientôt, après avoir arrangé quelque chose ; et le chancelier de l'Échiquier quitta l'auberge. March crut qu'il avait été un peu contrarié ou impatient lorsqu'il demanda du cognac ; mais il s'était remis dans un état satisfaisant, si la conversation n'avait pas été tout à fait celle que son visiteur littéraire attendait. Fisher, quelques minutes plus tard, sortit lentement de la taverne et se plaça au milieu de la route, regardant dans la direction d'où ils étaient venus. Puis il parcourut environ deux cents mètres dans cette direction et resta immobile.

"Je devrais penser que c'est à cause de l'endroit", a-t-il déclaré.

"Quel endroit?" demanda son compagnon.

"L'endroit où le pauvre garçon a été tué", dit tristement Fisher.

"Que veux-tu dire?" » a demandé mars.

"Il a été écrasé sur les rochers à un kilomètre et demi d'ici."

"Non, il ne l'était pas", a répondu Fisher. « Il n'est pas du tout tombé sur les rochers. N'avez-vous pas remarqué qu'il est tombé seulement sur la pente d'herbe molle en dessous ? Mais j'ai vu qu'il avait déjà une balle dans le corps.

Puis, après une pause, il ajouta :

« Il était vivant à l'auberge, mais il était mort bien avant d'arriver aux rochers. Il a donc été abattu alors qu'il conduisait sa voiture sur cette route droite, et je devrais penser à quelque part ici. Après cela, bien sûr, la voiture a continué tout droit sans que personne ne l'arrête ou ne la fasse tourner. C'est vraiment une esquive très astucieuse à sa manière ; car le corps serait retrouvé très loin, et la plupart des gens diraient, comme vous, que c'était un accident d'automobiliste. Le meurtrier devait être une brute intelligente.

"Mais le coup de feu ne serait-il pas entendu à l'auberge ou ailleurs ?" » demanda Mars.

« Cela serait entendu. Mais cela ne serait pas remarqué. C'est là, poursuit l'enquêteur, qu'il a encore été intelligent. Des tirs ont eu lieu partout toute la journée ; très probablement, il a chronométré son tir de manière à le noyer dans un certain nombre d'autres. C'était certainement un criminel de première classe. Et il était aussi autre chose.

"Que veux-tu dire?" » demanda son compagnon, avec un pressentiment effrayant de quelque chose qui allait arriver, il ne savait pas pourquoi.

"C'était un tireur de première classe", a déclaré Fisher. Il avait brusquement tourné le dos et marchait dans une ruelle étroite et herbeuse, à peine plus qu'un chemin de charrettes, qui s'étendait en face de l'auberge et marquait la fin du grand domaine et le début des landes ouvertes. March le poursuivit avec la même persévérance vaine et le trouva regardant, à travers une brèche de mauvaises herbes et d'épines géantes, la face plate d'une palissade peinte. Derrière la palissade s'élevaient les grandes colonnes grises d'une rangée de peupliers, qui remplissaient le ciel au-dessus d'eux d'une ombre vert foncé et tremblaient faiblement sous le vent qui s'était lentement transformé en brise. L'après-midi se transformait déjà en soirée et les ombres titanesques des peupliers s'allongeaient sur un tiers du paysage.

« Êtes-vous un criminel de première classe ? » demanda Fisher d'un ton amical. « J'ai bien peur que ce ne soit pas le cas. Mais je pense que je peux me débrouiller pour être une sorte de cambrioleur de quatrième ordre.

Et avant que son compagnon ait pu répondre, il avait réussi à se hisser par-dessus la clôture ; La marche s'ensuivit sans grand effort physique, mais avec des troubles mentaux considérables. Les peupliers poussaient si près de la clôture qu'ils avaient du mal à se faufiler devant eux, et au-delà des peupliers, ils ne distinguaient qu'une haute haie de lauriers, verts et brillants sous le soleil uniforme. Quelque chose dans cette limitation par une série de murs végétaux lui donnait l'impression d'entrer réellement dans une maison détruite au lieu d'un champ ouvert. C'était comme s'il entrait par une porte ou une fenêtre désaffectée et trouvait le passage bloqué par des meubles.

Après avoir contourné la haie de lauriers, ils débouchèrent sur une sorte de terrasse de gazon, qui tombait d'un pas vert jusqu'à une pelouse oblongue semblable à un terrain de boules. Au-delà se trouvait le seul bâtiment en vue, une véranda basse, qui semblait très éloignée de tout, comme une maison de verre située au milieu de ses propres champs au pays des fées. Fisher connaissait assez bien l'aspect solitaire des parties périphériques d'une grande maison. Il s'est rendu compte qu'il s'agissait davantage d'une satire de l'aristocratie que si elle était étouffée par les mauvaises herbes et jonchée de ruines. Car il n'est pas négligé et pourtant il est désert ; en tout cas, il est désaffecté. Elle est régulièrement balayée et garnie pour un maître qui ne vient jamais.

Cependant, en regardant par-dessus la pelouse, il aperçut un objet auquel il ne s'attendait apparemment pas. C'était une sorte de trépied supportant un grand disque semblable au plateau rond d'une table inclinée sur le côté, et ce n'est que lorsqu'ils furent tombés sur la pelouse et traversèrent pour l'examiner que March réalisa qu'il s'agissait d'une cible. Il était usé et taché par les intempéries ; les couleurs gaies de ses anneaux concentriques étaient fanées ; peut-être avait-il été créé à l'époque lointaine de l'époque victorienne, où le tir à l'arc était à la mode. March eut une de ses vagues visions de dames aux crinolines troubles et de messieurs aux chapeaux et moustaches bizarres revisitant ce jardin perdu comme des fantômes.

Fisher, qui scrutait la cible de plus près, le fit sursauter par une exclamation.

"Tiens!" il a dit. « Quelqu'un a parsemé cette chose de grenaille, après tout, et tout récemment aussi. Eh bien, je crois que le vieux Jink a essayé d'améliorer son mauvais tir ici.

"Oui, et il semble qu'il faille encore s'améliorer", répondit March en riant. « Aucun de ces clichés n'est proche de la cible ; ils semblent simplement dispersés de la manière la plus sauvage.

"De la manière la plus folle", répéta Fisher, scrutant toujours attentivement la cible. Il parut simplement acquiescer, mais March crut que son œil brillait sous sa paupière endormie et qu'il redressait sa silhouette courbée avec un étrange effort.

"Excusez-moi un instant", dit-il en fouillant dans ses poches. « Je pense que j'ai certains de mes produits chimiques ; et après cela, nous monterons à la maison. Et il se pencha de nouveau sur la cible, mettant quelque chose avec son doigt sur chacun des trous de tir, jusqu'à ce que March ne voie qu'une tache gris terne. Puis ils traversèrent le crépuscule naissant et remontèrent les longues avenues vertes jusqu'à la grande maison.

Mais là encore, l'excentrique enquêteur n'est pas entré par la porte d'entrée. Il fit le tour de la maison jusqu'à ce qu'il trouve une fenêtre ouverte et, sautant dedans, il présenta à son ami ce qui semblait être la salle des armes. Des rangées d'instruments réguliers pour abattre les oiseaux se tenaient contre les murs ; mais en face d'une table, près de la fenêtre, se trouvaient une ou deux armes d'un modèle plus lourd et plus redoutable.

"Tiens! ce sont les fusils de Burke pour le gros gibier », a déclaré Fisher. "Je ne savais pas qu'il les gardait ici." Il en souleva un, l'examina brièvement et le reposa en fronçant lourdement les sourcils. Presque au même moment, un étrange jeune homme entra précipitamment dans la pièce. Il était brun et robuste, avec un front bosselé et une mâchoire de bouledogue, et il s'excusait brièvement.

« J'ai laissé les armes du major Burke ici, dit-il, et il veut qu'elles soient emballées. Il s'en va ce soir.

Et il emporta les deux fusils sans jeter un regard à l'étranger ; par la fenêtre ouverte, ils pouvaient voir sa petite silhouette sombre s'éloigner à travers le jardin scintillant. Fisher sortit de nouveau par la fenêtre et resta à le surveiller.

"C'est Halkett , dont je vous ai parlé", dit-il. « Je savais qu'il était une sorte de secrétaire et qu'il s'occupait des papiers de Burke ; mais je n'ai jamais su qu'il avait quelque chose à voir avec ses armes. Mais c'est juste le genre de petit diable silencieux et sensé qui pourrait être très bon dans n'importe quoi ; le genre d'homme que l'on connaît pendant des années avant de découvrir qu'il est un champion d'échecs.

Il avait commencé à marcher en direction du secrétaire disparu, et ils arrivèrent bientôt en vue du reste de la fête qui discutait et riait sur la pelouse. Ils pouvaient voir la haute silhouette et la crinière lâche du chasseur de lion dominant le petit groupe.

« À propos, observa Fisher, lorsque nous parlions de Burke et Halkett , j'ai dit qu'un homme ne pouvait pas très bien écrire avec une arme à feu. Eh bien, je n'en suis plus si sûr maintenant. Avez-vous déjà entendu parler d'un artiste si intelligent qu'il pouvait dessiner avec une arme à feu ? Il y a un type merveilleux en liberté par ici.

Sir Howard salua Fisher et son ami le journaliste avec une amabilité presque bruyante. Ce dernier fut présenté au major Burke et à M. Halkett et aussi (en guise de parenthèse) à son hôte, M. Jenkins, un petit homme banal en tweed bruyant, que tout le monde semblait traiter avec une sorte d'affection, comme si c'était un bébé.

L'irrépressible Chancelier de l'Échiquier parlait encore des oiseaux qu'il avait abattus, des oiseaux que Burke et Halkett avaient abattus, et des oiseaux que Jenkins, leur hôte, n'avait pas réussi à abattre. Cela semblait être une sorte de monomanie sociable.

"Vous et votre gros gibier", a-t-il éjaculé agressivement à Burke. « Eh bien, n'importe qui peut tirer du gros gibier. Vous voulez être un tireur pour tirer du petit gibier.

"Tout à fait", intervint Horne Fisher. « Maintenant, si seulement un hippopotame pouvait voler dans les airs depuis ce buisson, ou si vous conserviez des éléphants volants sur le domaine, eh bien, alors… »

"Pourquoi même Jink pourrait frapper ce genre d'oiseau", s'écria Sir Howard en donnant une tape hilarante dans le dos de son hôte. "Même lui pourrait heurter une botte de foin ou un hippopotame."

"Regardez ici, les gars", a déclaré Fisher. «Je veux que tu viennes avec moi pendant une minute et que tu tires sur autre chose. Pas un hippopotame. Une autre sorte d'animal bizarre que j'ai trouvé sur le domaine. C'est un animal avec trois pattes et un œil, et il est de toutes les couleurs de l'arc-en-ciel.

"De quoi diable parles-tu?" » demanda Burke.

« Venez voir, » répondit Fisher joyeusement.

Ces personnes rejettent rarement tout ce qui est absurde, car elles sont toujours à la recherche de quelque chose de nouveau. Ils se réarmèrent gravement depuis la salle d'armes et se rassemblèrent à la queue de leur guide, Sir Howard ne s'arrêtant que, dans une sorte d'extase, pour montrer le célèbre pavillon d'été doré sur lequel la girouette dorée était toujours de travers. C'était le crépuscule qui devenait sombre lorsqu'ils atteignirent le green éloigné près des peupliers et acceptèrent le nouveau jeu sans but de tirer sur l'ancienne marque.

La dernière lumière semblait s'éteindre sur la pelouse, et les peupliers sur le coucher du soleil étaient comme de grands panaches sur un corbillard pourpre, lorsque le inutile cortège se retourna enfin et arriva devant la cible. Sir Howard frappa de nouveau son hôte sur l'épaule, le poussant de manière ludique vers l'avant pour tirer le premier coup. L'épaule et le bras qu'il toucha semblaient anormalement raides et anguleux. M. Jenkins tenait son arme dans une attitude plus maladroite que toutes celles que ses amis satiriques avaient vues ou attendues.

Au même instant, un cri horrible semblait venir de nulle part. C'était si peu naturel et si inadapté à la scène qu'il aurait pu être le fait d'une chose inhumaine volant sur des ailes au-dessus d'eux ou écoutant dans les bois sombres au-delà. Mais Fisher savait que cela avait commencé et s'était arrêté sur les lèvres pâles de Jefferson Jenkins, de Montréal, et personne à ce moment-là, apercevant le visage de Jefferson Jenkins, ne se serait plaint que c'était banal. L'instant d'après, un torrent de jurons gutturaux mais de bonne humeur s'échappa du major Burke tandis que lui et les deux autres hommes voyaient ce qui se trouvait devant eux. La cible se tenait debout dans l'herbe sombre comme un gobelin noir qui leur souriait, et elle souriait littéralement. Il avait deux yeux comme des étoiles, et dans des points de lumière livide semblables se dessinaient les deux narines retroussées et ouvertes et les deux extrémités de la bouche large et serrée. Quelques points blancs au-dessus de chaque œil indiquaient les sourcils blancs ; et l'un d'eux s'élevait presque droit. C'était une brillante caricature réalisée en pointillés brillants et March savait de qui. Il brillait dans l'herbe sombre, maculé de feu marin, comme si l'un des monstres sous-marins avait rampé dans le jardin crépusculaire ; mais il y avait une tête de mort.

"Ce n'est que de la peinture lumineuse", a déclaré Burke. "Le vieux Fisher s'est moqué de ses trucs phosphorescents."

"Il semble que ce soit destiné au vieux Puggy", observa Sir Howard. "Ça lui réussit très bien."

Sur ce, ils rirent tous, sauf Jenkins. Quand ils eurent tous fini, il fit un bruit semblable au premier effort d'un animal pour rire, et Horne Fisher s'avança soudain vers lui et lui dit :

"M. Jenkins, je dois vous parler immédiatement en privé.

C'est au bord du petit cours d'eau de la lande, sur la pente sous le rocher suspendu, que March rencontra son nouvel ami Fisher, sur rendez-vous, peu après la scène laide et presque grotesque qui avait dispersé le groupe dans le jardin.

«C'était un truc de singe de ma part», observa sombrement Fisher, «mettre du phosphore sur la cible; mais la seule chance de le faire sursauter était de lui faire subir les horreurs d'un coup. Et lorsqu'il vit le visage sur lequel il avait tiré briller sur la cible sur laquelle il s'entraînait, tout éclairé d'une lumière infernale, il sauta. C'est largement suffisant pour ma propre satisfaction intellectuelle.

"Je crains de ne pas encore bien comprendre maintenant", a déclaré March, "exactement ce qu'il a fait ni pourquoi il l'a fait."

"Vous devriez le faire", répondit Fisher avec son sourire plutôt morne, "car c'est vous-même qui m'avez fait la première suggestion. Oh oui, vous l'avez fait ; et c'était une décision très astucieuse. Vous avez dit qu'un homme n'emporterait pas de sandwichs avec lui pour dîner dans une grande maison. C'était tout à fait vrai ; et l'on en déduisit que, même s'il s'y rendait, il n'avait pas l'intention d'y dîner. Ou, en tout cas, qu'il ne dîne pas là-bas. Je compris immédiatement qu'il s'attendait probablement à ce que la visite soit désagréable, ou que l'accueil soit douteux, ou à quelque chose qui l'empêcherait d'accepter l'hospitalité. Ensuite, j'ai été frappé par le fait que Turnbull était une terreur pour certains personnages louches du passé et qu'il était venu identifier et dénoncer l'un d'entre eux. Au début, les chances pointaient vers l'hôte, c'est-à-dire Jenkins. Je suis moralement certain maintenant que Jenkins était l'extraterrestre indésirable que Turnbull voulait condamner dans une autre affaire de fusillade, mais vous voyez, le tireur avait une autre balle dans son casier.

"Mais vous avez dit qu'il devrait être un très bon tireur", a protesté March.

"Jenkins est un très bon tireur", a déclaré Fisher. « Un très bon tireur qui peut se faire passer pour un très mauvais tireur. Dois-je vous dire le deuxième indice que j'ai trouvé, après le vôtre, pour me faire croire que c'était Jenkins ? C'était le récit de mon cousin sur son mauvais tir. Il avait tiré une cocarde sur un chapeau et une girouette sur un immeuble. Or, en effet, il faut vraiment très bien tirer pour tirer si mal. Il doit tirer très proprement pour toucher la cocarde et non la tête, ni même le chapeau. Si les tirs étaient vraiment partis au hasard, il y a mille chances sur une qu'ils n'auraient pas touché des objets aussi visibles et pittoresques. Ils ont été choisis parce qu'ils constituaient des objets importants et pittoresques. Ils font une histoire pour faire le tour de la société. Il garde la girouette tordue dans le pavillon d'été pour perpétuer l'histoire d'une légende. Et puis il attendait avec son mauvais œil et son méchant pistolet, pris en embuscade en toute sécurité derrière la légende de sa propre incompétence.

« Mais il y a plus que cela. Il y a le pavillon d'été lui-même. Je veux dire, il y a tout. Il y a tout ce dont Jenkins se moque, les dorures, les couleurs criardes et toute la vulgarité qui est censée le qualifier de parvenu. Or, en fait, les nouveaux arrivants ne le font généralement pas. Dieu sait qu'il y en a assez dans la société ; et on les connaît assez bien. Et c'est la toute dernière chose qu'ils font. Ils sont généralement trop désireux de savoir ce qu'il faut faire et de le faire ; et ils se remettent instantanément corps et âme entre les mains de décorateurs d'art et d'experts en art, qui font tout pour eux. Il n'y a pratiquement aucun autre millionnaire vivant qui ait le courage moral d'avoir un monogramme doré sur une chaise comme celle-là dans la salle d'armes. D'ailleurs, il y a le nom ainsi que le monogramme. Des noms comme Tompkins, Jenkins et Jinks sont drôles sans être vulgaires ; Je veux dire qu'ils sont vulgaires sans être communs. Si vous préférez, ils sont banals sans être communs. Ce ne sont que des noms à choisir pour *paraître* ordinaires, mais ils sont vraiment plutôt extraordinaires. Connaissez-vous beaucoup de gens appelés Tompkins ? C'est beaucoup plus rare que Talbot. C'est à peu près la même chose avec les vêtements comiques du parvenu. Jenkins s'habille comme un personnage de Punch. Mais c'est parce qu'il est un personnage de

Punch. Je veux dire, c'est un personnage fictif. C'est un animal fabuleux. Il n'existe pas.

« Avez-vous déjà réfléchi à ce que cela doit être d'être un homme qui n'existe pas ? Je veux dire être un homme avec un personnage fictif qu'il doit maintenir au détriment non seulement de ses talents personnels : être un nouveau type d'hypocrite cachant un talent dans un nouveau type de serviette. Cet homme a choisi très ingénieusement son hypocrisie ; c'était vraiment nouveau. Un méchant subtil s'est déguisé en gentleman fringant, en homme d'affaires digne, en philanthrope et en saint ; mais les cris bruyants d'un petit goujat comique n'étaient en réalité qu'un nouveau déguisement. Mais le déguisement doit être très ennuyeux pour un homme qui sait vraiment faire des choses. C'est un petit guttersnipe cosmopolite et adroit qui peut faire des dizaines de choses, non seulement tirer, mais aussi dessiner et peindre, et probablement jouer du violon. Or, un homme comme celui-là peut trouver utile de cacher ses talents ; mais il ne pouvait s'empêcher de vouloir les utiliser là où ils étaient inutiles. S'il sait dessiner, il dessinera distraitement sur du papier buvard. Je soupçonne que ce coquin a souvent dessiné le visage du pauvre vieux Puggy sur du papier buvard. Il a probablement commencé à le faire par taches, comme il l'a ensuite fait par points, ou plutôt par plans. C'était le même genre de chose ; il trouva une cible désaffectée dans une cour déserte et ne put s'empêcher de se livrer à un petit tir secret, comme une boisson secrète. Vous pensiez que les tirs étaient tous dispersés et irréguliers, et c'est bien le cas ; mais pas accidentel. Il n'y a pas deux distances identiques ; mais les différents points étaient exactement là où il voulait les placer. Rien n'a besoin d'une telle précision mathématique qu'une caricature sauvage. J'ai moi-même un peu essayé le dessin, et je vous assure que mettre un point où l'on veut est une merveille avec un stylo près d'un morceau de papier. C'était un miracle de le faire à travers un jardin avec une arme à feu. Mais un homme capable de faire ces miracles aura toujours envie de les faire, ne serait-ce que dans le noir.

Après une pause, March observa pensivement : « Mais il n'aurait pas pu l'abattre comme un oiseau avec un de ces petits fusils. »

"Non; c'est pourquoi je suis allé dans la salle d'armes », répondit Fisher. « Il l'a fait avec l'un des fusils de Burke, et Burke pensait en connaître le son. C'est pourquoi il s'est précipité dehors sans chapeau, l'air si sauvage. Il n'a vu qu'une voiture qui passait rapidement, qu'il a suivie pendant un petit moment, puis a conclu qu'il s'était trompé.

Il y eut un autre silence, pendant lequel Fisher, assis sur une grande pierre, aussi immobile que lors de leur première rencontre, regardait la rivière grise et argentée couler sous les buissons. Puis March dit brusquement : « Bien sûr, il connaît la vérité maintenant. »

"Personne ne connaît la vérité à part vous et moi", répondit Fisher avec une certaine douceur dans la voix. "Et je ne pense pas que toi et moi nous disputerons un jour."

"Que veux-tu dire?" » demanda March avec un accent altéré. "Qu'as tu fais à ce propos?"

Horne Fisher continuait de regarder fixement le ruisseau. Il dit enfin : « La police a prouvé qu'il s'agissait d'un accident de voiture. »

"Mais tu sais que ce n'était pas le cas."

"Je vous ai dit que j'en savais trop", répondit Fisher, les yeux rivés sur la rivière. « Je le sais, et je sais bien d'autres choses. Je connais l'ambiance et la façon dont tout cela fonctionne. Je sais que cet homme a réussi à se faire quelque chose d'incurablement banal et comique. Je sais que vous ne pouvez pas persécuter le vieux Toole ou le Petit Tich . Si je disais à Hoggs ou à Halkett que le vieux Jink était un assassin, ils mourraient presque de rire sous mes yeux. Oh, je ne dis pas que leur rire est tout à fait innocent, même s'il est authentique à sa manière. Ils veulent le vieux Jink, et ils ne pourraient pas se passer de lui. Je ne dis pas que je suis tout à fait innocent. J'aime Hoggs; Je ne veux pas qu'il soit déprimé; et il serait foutu si Jink ne pouvait pas payer sa couronne. Ils ont été diaboliques près de la ligne d'arrivée lors des dernières élections. Mais la seule véritable objection à cela est que c'est impossible. Personne ne le croirait ; ce n'est pas sur la photo. La girouette tordue en ferait toujours une plaisanterie.

"Tu ne penses pas que c'est infâme?" » demanda doucement March.

"Je pense à bien des choses", répondit l'autre. « Si jamais vous faites exploser toute la société en enfer avec de la dynamite, je ne sais pas si la race humaine sera bien pire. Mais ne soyez pas trop dur avec moi simplement parce que je sais ce qu'est la société. C'est pourquoi je passe mon temps à consacrer des choses comme le poisson puant.

Il y eut une pause alors qu'il se réinstallait près du ruisseau ; puis il ajouta :

"Je te l'ai dit avant de devoir rejeter le gros poisson."

II. LE PRINCE DISPARAISSANT

Ce conte commence dans un enchevêtrement de récits autour d'un nom à la fois récent et légendaire. Le nom est celui de Michael O'Neill, communément appelé Prince Michael, en partie parce qu'il prétendait descendre d'anciens princes Fenians, et en partie parce qu'on lui attribue un projet visant à se faire prince président de l'Irlande, comme le dernier Napoléon l'a fait de France. Il était sans aucun doute un gentleman au pedigree honorable et aux nombreuses réalisations, mais deux de ses réalisations ressortaient de toutes les autres. Il avait un talent pour apparaître quand il n'était pas recherché et un talent pour disparaître quand il était recherché, surtout lorsqu'il était recherché par la police. On peut ajouter que ses disparitions étaient plus dangereuses que ses apparitions. Dans ce dernier cas, il allait rarement au-delà du sensationnel : coller des pancartes séditieuses, déchirer des pancartes officielles, prononcer des discours flamboyants ou déployer des drapeaux interdits. Mais pour réaliser le premier, il se battait parfois pour sa liberté avec une énergie surprenante, à laquelle les hommes avaient parfois la chance de s'échapper avec une tête cassée au lieu d'un cou cassé. Ses exploits d'évasion les plus célèbres, cependant, étaient dus à la dextérité et non à la violence. Par un matin d'été sans nuages, il avait emprunté une route de campagne blanche de poussière et, s'arrêtant devant une ferme, il avait dit à la fille du fermier, avec une indifférence élégante, que la police locale le poursuivait. Le nom de la fille était Bridget Royce, une beauté sombre et même maussade, et elle le regarda sombrement, comme dans le doute, et dit : « Veux-tu que je te cache ? Sur quoi il se contenta de rire, sauta légèrement par-dessus le mur de pierre et se dirigea vers la ferme, en se contentant de dire par-dessus son épaule : « Merci, j'ai généralement été tout à fait capable de me cacher. Dans cette démarche, il a agi avec une ignorance tragique de la nature des femmes ; et il tomba sur son chemin, sous ce soleil, une ombre de malheur.

Pendant qu'il disparaissait à travers la ferme, la jeune fille resta quelques instants à regarder vers la route, et deux policiers en sueur arrivèrent en courant jusqu'à la porte où elle se tenait. Bien que toujours en colère, elle restait silencieuse et, un quart d'heure plus tard, les agents avaient fouillé la maison et inspectaient déjà le potager et le champ de maïs derrière. Dans la réaction laide de son humeur, elle aurait pu même être tentée de désigner le fugitif, mais avec un petit problème, elle n'avait pas plus la moindre idée que les policiers de l'endroit où il aurait pu aller. Le potager était entouré d'un mur très bas, et le champ de maïs au-delà s'étendait en biais comme un carré sur une grande colline verdoyante sur laquelle on pouvait encore le voir même comme un point au loin. Tout était solide à sa place familière ; le pommier était trop petit pour supporter ou cacher un grimpeur ; le seul hangar était ouvert et visiblement vide ; il n'y avait aucun bruit hormis le bourdonnement des mouches d'été et le battement occasionnel d'un oiseau suffisamment inconnu pour être surpris par l'épouvantail dans le champ ; il n'y avait presque aucune ombre, à part quelques lignes bleues qui tombaient de l'arbre maigre ; chaque détail était repéré par la lumière brillante du jour comme au microscope. La jeune fille décrivit la scène plus tard, avec tout le réalisme passionné de sa race, et, que les policiers aient ou non le même sens du pittoresque, ils avaient au moins le sens des faits de l'affaire, et furent obligés d'abandonner. la poursuite et se retirer de la scène. Bridget Royce restait comme en transe, regardant le jardin ensoleillé dans lequel un homme venait de disparaître telle une fée. Elle était toujours d'humeur sinistre, et le miracle prenait dans son esprit un caractère d'hostilité et de peur, comme si la fée était décidément une mauvaise fée. Le soleil sur le jardin scintillant la déprimait plus que l'obscurité, mais elle continuait à le regarder. Puis le monde lui-même est devenu stupide et elle a crié. L'épouvantail bougeait à la lumière du soleil. Il lui tournait le dos, coiffé d'un vieux chapeau noir et d'un vêtement en lambeaux, et avec tous ses lambeaux volant, il s'éloigna à grands pas à travers la colline.

Elle n'analysait pas l'audace par laquelle l'homme avait tourné à son avantage les effets subtils de l'attendu et de l'évidence ; elle était encore sous le voile de complexités plus individuelles, et elle remarqua surtout que l'épouvantail en voie de disparition ne se retournait même pas pour regarder la ferme. Et les destins qui allaient si défavorablement à sa fantastique carrière de liberté décidaient que sa prochaine aventure, même si elle avait le même succès dans un autre quartier, devait augmenter le danger dans ce quartier. Parmi les nombreuses aventures semblables racontées de cette manière, on dit aussi que quelques jours après, une autre jeune fille, nommée Mary Cregan , le trouva caché dans la ferme où elle travaillait ; et si l'histoire est vraie, elle a dû aussi avoir eu le choc d'une expérience étrange, car alors qu'elle était occupée à une tâche solitaire dans la cour, elle entendit une voix venant du puits et découvrit que l'excentrique avait réussi à laisser tomber se jeta dans le seau qui se trouvait quelque peu en dessous, le puits n'étant qu'à moitié plein d'eau. Dans ce cas, cependant, il a dû faire appel à la femme pour qu'elle enroule la corde. Et les hommes disent que c'est lorsque cette nouvelle fut annoncée à l'autre femme que son âme franchit la frontière de la trahison.

Telles étaient, du moins, les histoires racontées à son sujet dans la campagne, et il y en avait bien d'autres : par exemple, il s'était tenu insolemment dans une splendide robe de chambre verte sur les marches d'un grand hôtel, puis avait mené la police à une poursuite dans une rue. longue suite de grands appartements, et enfin à travers sa propre chambre sur un balcon qui surplombait la rivière. Au moment où les poursuivants montèrent sur le balcon, celui-ci se brisa sous eux, et ils tombèrent pêle-mêle dans les eaux tourbillonnantes, tandis que Michael, qui avait jeté sa robe et plongé, pouvait s'éloigner à la nage. On disait qu'il avait soigneusement coupé les accessoires afin qu'ils ne supportent rien d'aussi lourd qu'un policier. Mais là encore, il fut immédiatement chanceux, mais finalement malheureux, car on raconte que l'un des hommes se noya, laissant une querelle familiale qui fragilisa légèrement sa popularité. Ces histoires peuvent maintenant être racontées avec quelque détail, non parce qu'elles sont les plus merveilleuses de ses nombreuses aventures, mais parce qu'elles seules n'ont pas été couvertes de silence par la loyauté des paysans. Ceux-ci seuls ont trouvé leur place dans les rapports officiels, et ce sont ceux-là que trois des principaux fonctionnaires du pays lisaient et discutaient lorsque commence la partie la plus remarquable de cette histoire.

La nuit était très avancée et les lumières brillaient dans la maison qui servait de commissariat provisoire près de la côte. D'un côté se trouvaient les dernières maisons du village dispersé, et de l'autre rien qu'une lande déserte s'étendant vers la mer, dont la ligne n'était interrompue par aucun repère hormis une tour solitaire du modèle préhistorique que l'on trouve encore en Irlande. , aussi élancé qu'une colonne, mais pointu comme une pyramide. A une table en bois, devant la fenêtre qui donnait habituellement sur ce paysage, étaient assis deux hommes en civil, mais avec une allure quelque peu militaire, car c'étaient en effet les deux chefs du service de détective de ce quartier. Le plus âgé des deux, tant par l'âge que par le rang, était un homme robuste avec une courte barbe blanche et des sourcils givrés fixés en un froncement de sourcils qui suggérait plutôt de l'inquiétude que de la sévérité.

Son nom était Morton, et c'était un homme de Liverpool longtemps plongé dans les querelles irlandaises, et qui accomplissait son devoir parmi eux d'une manière aigre et pas tout à fait antipathique. Il avait prononcé quelques phrases à son compagnon, Nolan, un homme grand et brun au visage irlandais équin cadavérique, lorsqu'il sembla se souvenir de quelque chose et toucha une cloche qui sonnait dans une autre pièce. Le subordonné qu'il avait convoqué apparut immédiatement avec une liasse de papiers à la main.

« Asseyez-vous, Wilson, » dit-il. "Ce sont les dépositions, je suppose."

"Oui", a répondu le troisième officier. "Je pense que j'ai tout ce qu'il y a à à en tirer, alors j'ai renvoyé les gens."

« Mary Cregan a-t- elle témoigné ? » demanda Morton avec un froncement de sourcils qui semblait un peu plus prononcé que d'habitude.

"Non, mais son maître l'a fait", répondit l'homme appelé Wilson, qui avait des cheveux plats et roux et un visage clair et pâle, non sans netteté. «Je pense qu'il traîne lui-même autour de la fille et qu'il affronte un rival. Il y a toujours une raison de ce genre quand on nous dit la vérité sur quoi que ce soit. Et vous pariez que l'autre fille l'a assez bien dit.

"Eh bien, espérons qu'ils seront utiles", remarqua Nolan d'une manière quelque peu désespérée, regardant dans l'obscurité.

"Tout est bon", a déclaré Morton, "tout ce qui nous permet de savoir quoi que ce soit sur lui."

« Est-ce qu'on sait quelque chose de lui ? » demanda l'Irlandais mélancolique.

« Nous savons une chose à son sujet », a déclaré Wilson, « et c'est la seule chose que personne n'avait jamais connue auparavant. Nous savons où il est.

"Es-tu sûr?" » demanda Morton en le regardant attentivement.

"Bien sûr", répondit son assistant. « En ce moment même, il se trouve dans cette tour là-bas, près du rivage. Si vous vous approchez suffisamment, vous verrez la bougie allumée à la fenêtre.

Pendant qu'il parlait, le bruit d'un klaxon retentit sur la route, et un instant après, ils entendirent le vrombissement d'une automobile arrêtée devant la porte. Morton se leva instantanément.

« Dieu merci, c'est la voiture de Dublin », dit-il. « Je ne peux rien faire sans autorisation spéciale, pas s'il était assis au sommet de la tour et nous tirait la langue. Mais le chef peut faire ce qu'il juge bon.

Il se précipita vers l'entrée et échangea bientôt des salutations avec un grand et bel homme en manteau de fourrure, qui apportait dans la petite gare miteuse l'éclat indescriptible des grandes villes et le luxe du grand monde.

Car il s'agissait de Sir Walter Carey, un fonctionnaire si éminent au château de Dublin que seul le cas du prince Michael aurait pu l'amener à un tel voyage au milieu de la nuit. Mais le cas du prince Michael, en l'occurrence, était compliqué par le légalisme ainsi que par l'anarchie. La dernière fois, il s'était enfui grâce à une argutie médico-légale et non, comme d'habitude, par une escapade privée ; et la question se posait de savoir si, pour le moment, il était ou non soumis à la loi. Il serait peut-être nécessaire d'étendre un point, mais un homme comme Sir Walter pourrait probablement l'étendre aussi loin qu'il le voudrait.

Il fallait se demander s'il avait l'intention de le faire. Malgré la touche de luxe presque agressive du manteau de fourrure, il devint vite évident que la grande tête léonine de Sir Walter était à la fois utile et ornementale, et il considéra la question avec assez de sobriété et de bon sens. Cinq chaises étaient disposées autour de la table en bois ordinaire, pour qui Sir Walter devait amener avec lui sinon son jeune parent et secrétaire, Horne Fisher. Sir

Walter écoutait avec une attention sérieuse, et son secrétaire avec un ennui poli, la suite d'épisodes par lesquels la police avait suivi le rebelle volant depuis les marches de l'hôtel jusqu'à la tour solitaire au bord de la mer. Là du moins, il était coincé entre les landes et les brisants ; et l'éclaireur envoyé par Wilson le rapporta comme écrivant sous une bougie solitaire, composant peut-être une autre de ses formidables proclamations. En effet, il aurait été typique de sa part de le choisir comme lieu où enfin se tourner vers les abois. Il y avait quelque droit lointain, comme sur un château de famille ; et ceux qui le connaissaient le croyaient capable d'imiter les chefs irlandais primitifs tombés en combattant la mer.

"J'ai vu des gens bizarres partir alors que j'entrais", a déclaré Sir Walter Carey. «Je suppose qu'ils étaient vos témoins. Mais pourquoi viennent-ils ici à cette heure de la nuit ?

Morton sourit sinistrement. « Ils viennent ici la nuit parce qu'ils seraient morts s'ils venaient ici le jour. Ce sont des criminels qui commettent ici un crime plus horrible que le vol ou le meurtre.

« De quel crime parlez-vous ? demanda l'autre avec une certaine curiosité.

«Ils aident la loi», a déclaré Morton.

Il y eut un silence et Sir Walter considéra les papiers devant lui d'un œil distrait. Enfin il parla.

« Tout à fait ; mais regardez ici, si le sentiment local est aussi vif que cela, il y a bien des points à considérer. Je crois que la nouvelle loi me permettra de l'arrêter maintenant si je le juge préférable. Mais est-ce mieux ? Un soulèvement sérieux ne nous servirait à rien au Parlement, et le gouvernement a des ennemis en Angleterre comme en Irlande. Cela ne fonctionnera pas si j'ai fait ce qui ressemble un peu à une pratique pointue et que j'ai ensuite déclenché une révolution.»

«C'est tout le contraire», dit assez rapidement l'homme appelé Wilson. « Il n'y aura pas autant de révolution si vous l'arrêtez que si vous le laissez en liberté trois jours de plus. Mais de toute façon, il ne peut plus rien y avoir aujourd'hui qu'une police compétente ne puisse gérer.»

"M. Wilson est un Londonien", a déclaré le détective irlandais en souriant.

"Oui, je suis un cockney, d'accord", répondit Wilson, "et je pense que je m'en porte d'autant mieux. Surtout dans ce métier, curieusement.

Sir Walter parut légèrement amusé par l'entêtement du troisième officier, et peut-être encore plus par le léger accent avec lequel il parlait, qui rendait plutôt inutile sa vantardise sur son origine.

« Voulez-vous dire, » demanda-t-il, « que vous en savez plus sur les affaires ici parce que vous venez de Londres ?

"Ça a l'air drôle, je sais, mais j'y crois", répondit Wilson. « Je pense que ces affaires nécessitent de nouvelles méthodes. Mais je crois surtout qu'ils veulent un regard neuf. »

Les officiers supérieurs rirent, et l'homme aux cheveux roux poursuivit avec une légère pointe d'humeur :

«Eh bien, regardez les faits. Voyez comment cet individu s'est enfui à chaque fois et vous comprendrez ce que je veux dire. Pourquoi était-il capable de se tenir à la place de l'épouvantail, caché par rien d'autre qu'un vieux chapeau ? Parce que c'était un policier du village qui savait que l'épouvantail était là, s'y attendait et n'y a donc pas prêté attention. Maintenant, je ne m'attends plus à un épouvantail. Je n'en ai jamais vu dans la rue, et j'en regarde un quand j'en vois sur le terrain. C'est une chose nouvelle pour moi et cela mérite d'être remarqué. Et c'était pareil lorsqu'il se cachait dans le puits. Vous êtes prêt à trouver un puits dans un endroit comme celui-là ; vous cherchez un puits et vous ne le voyez pas. Je ne le cherche pas, donc je le regarde.

« C'est certainement une idée, » dit Sir Walter en souriant, « mais qu'en est-il du balcon ? On voit parfois des balcons à Londres.

"Mais pas de rivières juste en dessous, comme si c'était à Venise", répondit Wilson.

"C'est certainement une idée nouvelle", répéta Sir Walter avec quelque chose comme du respect. Il avait tout l'amour des classes luxueuses pour les idées nouvelles. Mais il avait aussi une faculté critique et était enclin à penser, après mûre réflexion, que c'était aussi une idée vraie.

L'aube naissante avait déjà fait passer les vitres du noir au gris lorsque Sir Walter se leva brusquement. Les autres se levèrent aussi, prenant cela pour le signal que l'arrestation allait avoir lieu. Mais leur chef resta un instant plongé dans une profonde réflexion, comme s'il avait conscience d'être arrivé à une bifurcation.

Soudain, le silence fut percé par un long cri gémissant venant des landes sombres à l'extérieur. Le silence qui suivit parut plus surprenant que le cri lui-même, et il dura jusqu'à ce que Nolan dise lourdement :

« C'est la banshee. Quelqu'un est destiné à la tombe.

Son visage long et large était aussi pâle qu'une lune, et il était facile de se rappeler qu'il était le seul Irlandais dans la pièce.

"Eh bien, je connais cette banshee", dit Wilson joyeusement, "aussi ignorant que vous le pensez, je suis à propos de ces choses. J'ai moi-même parlé à cette banshee il y a une heure, et je l'ai envoyée à la tour et je lui ai dit de chanter comme ça si elle pouvait apercevoir notre ami écrivant sa proclamation.

"Tu veux dire cette fille Bridget Royce?" » demanda Morton en rapprochant ses sourcils glacés. « A-t-elle transformé le témoignage du roi à ce point ?

«Oui», répondit Wilson. "Je connais très peu de choses sur ces choses locales, me direz-vous, mais j'estime qu'une femme en colère est à peu près la même dans tous les pays."

Nolan, cependant, semblait toujours maussade et différent de lui. "C'est un bruit horrible et une affaire tout à fait laide", a-t-il déclaré. "Si c'est vraiment la fin du prince Michael, cela pourrait aussi être la fin d'autres choses. Lorsque l'esprit est sur lui , il s'échapperait par une échelle d'hommes morts et traverserait cette mer si elle était faite de sang.

« Est-ce là la vraie raison de vos pieuses alarmes ? » demanda Wilson avec un léger ricanement.

Le visage pâle de l'Irlandais se noircit d'une nouvelle passion.

"J'ai affronté autant de meurtriers dans le comté de Clare que vous n'en avez jamais affronté à Clapham Junction, M. Cockney", a-t-il déclaré.

"Chut, s'il vous plaît," dit Morton sèchement. « Wilson, vous n'avez aucun droit de laisser entendre des doutes sur la conduite de votre supérieur. J'espère que vous vous montrerez aussi courageux et digne de confiance qu'il l'a toujours été.

Le visage pâle de l'homme aux cheveux roux semblait un peu plus pâle, mais il était silencieux et posé, et Sir Walter s'approcha de Nolan avec une courtoisie marquée, en disant: "Allons-nous sortir maintenant et régler cette affaire?"

L'aube s'était levée, laissant un large gouffre blanc entre un grand nuage gris et la grande lande grise, au-delà de laquelle la tour se dessinait sur l'aube et la mer.

Quelque chose dans sa forme simple et primitive rappelait vaguement l'aube des premiers jours de la terre, à une époque préhistorique où même les couleurs étaient à peine créées, où il n'y avait qu'une lumière du jour vide entre les nuages et l'argile. Ces teintes mortes n'étaient relevées que par une tache d'or : l'étincelle de la bougie allumée à la fenêtre de la tour solitaire et brûlant dans la lumière du jour qui s'élargissait. Alors que le groupe de détectives, suivi d'un cordon de policiers, s'étendait en croissant pour empêcher toute fuite, la lumière de la tour a clignoté comme si elle avait été déplacée un instant, puis s'est éteinte. Ils savaient que l'homme à l'intérieur avait réalisé la lumière du jour et avait soufflé sa bougie.

"Il y a d'autres fenêtres, n'est-ce pas ?" » demanda Morton, « et une porte, bien sûr, quelque part au coin de la rue ? Seule une tour ronde n'a pas d'angles.

"Un autre exemple de ma petite suggestion", observa tranquillement Wilson. « Cette étrange tour a été la première chose que j'ai vue quand je suis arrivé dans ces régions ; et je peux vous en dire un peu plus — ou, en tout cas, l'extérieur. Il y a quatre fenêtres en tout, dont une un peu éloignée de celle-ci, mais juste hors de vue. Ceux-ci sont tous deux au rez-de-chaussée, tout comme le troisième de l'autre côté, formant une sorte de triangle. Mais le quatrième est juste au-dessus du troisième, et je suppose qu'il donne sur un étage supérieur.

« Ce n'est qu'une sorte de grenier, auquel on accède par une échelle, dit Nolan. «J'ai joué dans cet endroit quand j'étais enfant. Ce n'est rien de plus qu'une coquille vide. Et son visage triste devint encore plus triste, pensant peut-être à la tragédie de son pays et au rôle qu'il y joua.

« Cet homme devait en tout cas avoir une table et une chaise », dit Wilson, « mais il aurait sans doute pu les trouver dans un cottage. Si je peux faire une suggestion, monsieur, je pense que nous devrions approcher les cinq entrées en même temps, pour ainsi dire. L'un de nous devrait se rendre à la porte et un à chaque fenêtre ; Macbride a ici une échelle pour la fenêtre supérieure.

M. Horne Fisher se tourna langoureusement vers son distingué parent et parla pour la première fois.

«Je suis plutôt un converti à l'école cockney de psychologie», dit-il d'une voix presque inaudible.

Les autres semblaient ressentir la même influence de différentes manières, car le groupe commençait à se diviser de la manière indiquée. Morton se dirigea vers la fenêtre juste en face d'eux, où le hors-la-loi caché venait d'éteindre la bougie ; Nolan, un peu plus à l'ouest jusqu'à la fenêtre suivante ; tandis que Wilson, suivi de Macbride avec l'échelle, se dirigeait vers les deux fenêtres du fond. Sir Walter Carey lui-même, suivi de son secrétaire, commença à se diriger vers la seule porte pour demander l'entrée d'une manière plus régulière.

« Il sera armé, bien sûr », remarqua Sir Walter avec désinvolture.

« De toute évidence, » répondit Horne Fisher, « il peut faire plus avec un chandelier que la plupart des hommes avec un pistolet. Mais il est presque sûr d'avoir le pistolet aussi.

Alors même qu'il parlait, la réponse à la question fut une langue de tonnerre. Morton venait de se placer devant la fenêtre la plus proche, ses larges épaules bloquant l'ouverture. Pendant un instant, il fut allumé de l'intérieur comme avec un feu rouge, suivi d'une foule tonitruante d'échos. Les épaules carrées semblèrent changer de forme et la silhouette robuste s'effondra parmi les herbes hautes et épaisses au pied de la tour. Une bouffée de fumée flottait par la fenêtre comme un petit nuage. Les deux hommes derrière lui se précipitèrent sur place et le relevèrent, mais il était mort.

Sir Walter se redressa et cria quelque chose qui se perdit dans un autre bruit de tir ; il était possible que la police vengeait déjà son camarade de l'autre côté. Fisher s'était déjà précipité vers la fenêtre suivante, et un nouveau cri d'étonnement de sa part amena son patron au même endroit. Nolan, le policier irlandais, était également tombé, étalé de tout son long dans l'herbe, rouge de sang. Il était encore en vie lorsqu'ils l'atteignirent, mais il y avait la mort sur son visage, et il ne put que faire un dernier geste pour leur dire que tout était fini ; et, d'un mot brisé et d'un effort héroïque, il leur fit signe de se diriger vers l'endroit où ses autres camarades assiégeaient l'arrière de la tour. Abasourdis par ces secousses rapides et répétées, les deux hommes ne purent que vaguement obéir au geste, et, se dirigeant vers les autres fenêtres du fond, ils découvrirent une scène tout aussi effrayante, quoique moins définitive et tragique. Les deux autres officiers n'étaient ni morts ni mortellement blessés, mais Macbride gisait avec une jambe cassée et son échelle sur lui, visiblement jetée depuis la fenêtre supérieure de la tour ; tandis que Wilson gisait sur le visage, immobile comme abasourdi, avec sa tête rouge parmi le gris et l'argent du houx marin. Chez lui, cependant, l'impuissance ne fut que momentanée, car il commença à bouger et à se relever à mesure que les autres contournaient la tour.

"Mon Dieu! c'est comme une explosion ! s'écria Sir Walter ; et en effet , c'était le seul mot pour désigner cette énergie surnaturelle, par laquelle un seul homme avait pu infliger la mort ou la destruction sur trois côtés du même petit triangle au même instant.

Wilson s'était déjà relevé et, avec une énergie splendide, il vola de nouveau vers la fenêtre, le revolver à la main. Il tira deux fois dans l'ouverture puis disparut dans sa propre fumée ; mais le bruit de ses pieds et le choc d'une chaise qui tombait leur apprirent que l'intrépide Londonien avait enfin réussi à sauter dans la pièce. Puis suivit un curieux silence ; et Sir Walter, se dirigeant vers la fenêtre à travers la fumée qui s'éclaircissait, regarda la coquille creuse de l'ancienne tour. À part Wilson, qui regardait autour de lui, il n'y avait personne.

L'intérieur de la tour était une seule pièce vide, avec rien d'autre qu'une simple chaise en bois et une table sur laquelle se trouvaient des stylos, de l'encre, du papier et le chandelier. À mi-hauteur du haut mur, il y avait une plate-forme en bois grossier sous la fenêtre supérieure, un petit grenier qui ressemblait plutôt à une grande étagère. On n'y accédait que par une échelle, et elle semblait aussi nue que les murs nus. Wilson termina son examen des lieux puis alla regarder les choses sur la table. Puis il désigna silencieusement de son index maigre la page ouverte du grand cahier. L'écrivain s'était brusquement arrêté d'écrire, même au milieu d'un mot.

"J'ai dit que c'était comme une explosion", dit enfin Sir Walter Carey. « Et en réalité, l'homme lui-même semble avoir soudainement explosé. Mais il s'est fait exploser sans toucher la tour. Il a éclaté plus comme une bulle que comme une bombe.

"Il a touché à des choses plus précieuses que la tour", dit Wilson d'un ton sombre.

Il y eut un long silence, puis Sir Walter dit sérieusement : « Eh bien, M. Wilson, je ne suis pas un détective, et ces événements malheureux vous ont laissé la responsabilité de cette branche de l'affaire. Nous en déplorons tous les causes, mais je voudrais dire que j'ai moi-même la plus grande confiance dans votre capacité à poursuivre votre travail. Que pensez-vous que nous devrions faire ensuite ?

Wilson sembla se sortir de sa dépression et accueillit les paroles de l'orateur avec une courtoisie plus chaleureuse qu'il n'en avait montrée à qui que ce soit. Il a appelé quelques policiers pour l'aider à évacuer l'intérieur, laissant les autres se disperser dans une équipe de recherche à l'extérieur.

«Je pense», dit-il, «la première chose est de s'assurer de l'intérieur de cet endroit, car il lui était difficilement possible physiquement de sortir. Je suppose que le pauvre Nolan aurait amené sa banshee et aurait dit que c'était surnaturellement possible. Mais je n'ai aucune utilité pour les esprits désincarnés lorsque je traite des faits. Et les faits dont je suis saisi sont une tour vide avec une échelle, une chaise et une table.

« Les spiritualistes, » dit Sir Walter en souriant, « diraient que les esprits pourraient trouver une grande utilité à une table. »

"J'ose dire qu'ils le pourraient si les spiritueux étaient sur la table, dans une bouteille", répondit Wilson en retroussant sa lèvre pâle. « Les gens d'ici, quand ils sont tous détrempés par le whisky irlandais, peuvent croire à de telles choses. Je pense qu'ils veulent un peu d'éducation dans ce pays.

Les lourdes paupières de Horne Fisher battirent dans une légère tentative de se relever, comme s'il était tenté de protester paresseusement contre le ton méprisant de l'enquêteur.

« Les Irlandais croient beaucoup trop aux esprits pour croire au spiritualisme », murmura-t-il. « Ils en savent trop sur eux . Si vous voulez une foi simple et enfantine dans n'importe quel esprit qui se présente, vous pouvez l'obtenir dans votre Londres préférée.

"Je ne veux pas l'amener nulle part", a déclaré Wilson brièvement. « Je dis que j'ai affaire à des choses bien plus simples que votre simple foi, avec une table, une chaise et une échelle. Maintenant, ce que je veux dire à leur sujet au début, c'est ceci. Ils sont tous les trois fabriqués à peu près en bois brut. Mais la table et la chaise sont relativement neuves et relativement propres. L'échelle est recouverte de poussière et il y a une toile d'araignée sous le barreau supérieur. Cela veut dire qu'il a emprunté les deux premiers tout récemment dans quelque chaumière, comme nous le supposions, mais l'échelle est restée longtemps dans cette vieille poubelle pourrie. Il faisait probablement partie du mobilier d'origine, un héritage de ce magnifique palais des rois irlandais.

de nouveau sous ses paupières, mais semblait trop endormi pour parler, et Wilson poursuivit son argument.

« Maintenant, il est tout à fait clair que quelque chose de très étrange vient de se produire à cet endroit. Il y a dix chances contre une, me semble-t-il, pour que cela ait quelque chose à voir spécialement avec cet endroit. Il est probablement venu ici parce qu'il ne pouvait le faire qu'ici ; autrement, cela ne semble pas très attrayant. Mais l'homme le savait depuis longtemps ; on dit qu'elle appartenait à sa famille, de sorte qu'en somme, je pense, tout indique quelque chose dans la construction de la tour elle-même.

"Votre raisonnement me semble excellent", dit Sir Walter, qui écoutait attentivement. "Mais qu'est-ce que ça peut être ?"

« Vous voyez maintenant ce que je veux dire à propos de l'échelle », continua le détective ; « C'est le seul meuble ancien ici et la première chose qui a attiré mon attention cockney. Mais il y a autre chose. Ce loft là-haut est une sorte de débarras sans aucune charpente. Pour autant que je puisse voir, c'est aussi vide que tout le reste ; et, dans l'état actuel des choses, je ne vois pas l'utilité de l'échelle qui y conduit. Il me semble, comme je ne trouve rien d'inhabituel ici-bas, qu'il serait peut-être utile de chercher là-haut.

Il quitta vivement la table sur laquelle il était assis (car la seule chaise était réservée à Sir Walter) et gravit rapidement l'échelle jusqu'à la plate-forme au-dessus. Il fut bientôt suivi par les autres, M. Fisher étant le dernier, cependant, avec une apparence de nonchalance considérable.

Mais à ce stade, ils étaient voués à la déception ; Wilson fouinait dans tous les coins comme un terrier et examinait le toit presque dans la posture d'une mouche, mais une demi-heure plus tard, ils durent avouer qu'ils n'avaient toujours pas de point d' écoute . Le secrétaire particulier de Sir Walter semblait de plus en plus menacé d'un sommeil inapproprié et, après avoir été le dernier à gravir l'échelle, il semblait maintenant manquer d'énergie même pour redescendre.

« Venez, Fisher », cria Sir Walter d'en bas, lorsque les autres eurent regagné la parole. "Nous devons nous demander si nous allons mettre tout cet endroit en pièces pour voir de quoi il est fait."

"J'arrive dans une minute", dit la voix depuis le rebord au-dessus de leurs têtes, une voix quelque peu évocatrice d'un bâillement articulé.

"Qu'est-ce que tu attends?" » demanda Sir Walter avec impatience. « Voyez-vous quelque chose là ? »

"Eh bien, oui, d'une certaine manière", répondit vaguement la voix. "En fait, je le vois très clairement maintenant."

"Qu'est-ce que c'est?" » demanda brusquement Wilson, depuis la table sur laquelle il était assis, frappant ses talons avec agitation.

"Eh bien, c'est un homme", a déclaré Horne Fisher.

Wilson bondit hors de la table comme s'il en avait été expulsé. "Que veux-tu dire?" il pleure. "Comment peux-tu voir un homme?"

«Je peux le voir à travers la fenêtre», répondit doucement le secrétaire. « Je le vois traverser la lande. Il traverse la campagne en direction de cette tour. Il a évidemment l'intention de nous rendre visite. Et vu de qui il s'agit, il serait peut-être plus poli que nous soyons tous à la porte pour le recevoir. Et, tranquillement, le secrétaire descendit l'échelle.

"Qui semble-t-il être!" répéta Sir Walter avec étonnement.

"Eh bien, je pense que c'est l'homme que vous appelez Prince Michael", observa M. Fisher d'un ton léger. « En fait, j'en suis sûr. J'ai vu ses portraits policiers.

Il y eut un silence de mort, et le cerveau habituellement stable de Sir Walter semblait tourner comme un moulin à vent.

« Mais, accrochez-vous ! » » dit-il enfin, « même en supposant que sa propre explosion aurait pu le projeter à un demi-mile de là, sans passer par aucune des fenêtres, et le laisser suffisamment en vie pour une promenade à la campagne — même alors, pourquoi diable devrait-il marcher dans cette direction ? ? Le meurtrier ne revient généralement pas aussi rapidement sur les lieux de son crime.

"Il ne sait pas encore que c'est le lieu de son crime", a répondu Horne Fisher.

« Que diable veux-tu dire ? Vous lui attribuez une absence d'esprit assez singulière.

"Eh bien, la vérité est que ce n'est pas la scène de son crime", a déclaré Fisher avant d'aller regarder par la fenêtre.

Il y eut un autre silence, puis Sir Walter dit doucement : « Quelle sorte d'idée avez-vous réellement en tête, Fisher ? Avez-vous développé une nouvelle théorie sur la façon dont cet homme s'est échappé du ring autour de lui ?

— Il ne s'est jamais échappé, répondit l'homme à la fenêtre sans se retourner. « Il ne s'est jamais échappé du ring parce qu'il n'a jamais été à l'intérieur du ring. Il n'était pas du tout dans cette tour, du moins pas lorsque nous l'entourions.

Il se tourna et s'appuya contre la fenêtre, mais, malgré son air apathique habituel, on crut presque que le visage dans l'ombre était un peu pâle.

"J'ai commencé à deviner quelque chose de ce genre lorsque nous étions à quelque distance de la tour", a-t-il déclaré. « Avez-vous remarqué ce genre d'éclair ou de scintillement que la bougie donnait avant de s'éteindre ? J'étais presque certain que ce n'était que le dernier bond que fait la flamme lorsqu'une bougie s'éteint. Et puis je suis entré dans cette pièce et j'ai vu ça.

Il désigna la table et Sir Walter retint son souffle avec une sorte de juron contre sa propre cécité. Car la bougie dans le chandelier s'était visiblement réduite à néant et le laissait, mentalement au moins, très complètement dans le noir.

"Ensuite, il y a une sorte de question mathématique", poursuivit Fisher, se penchant en arrière et regardant les murs nus, comme s'il y traçait des diagrammes imaginaires. « Ce n'est pas si facile pour un homme du troisième angle de faire face aux deux autres au même moment, surtout s'ils sont à la base d'un isocèle. Je suis désolé si cela ressemble à un cours de géométrie, mais… »

« Je crains que nous n'ayons pas le temps pour cela », dit froidement Wilson. "Si cet homme revient vraiment, je dois donner mes ordres immédiatement."

« Mais je pense que je vais continuer », observa Fisher en regardant le toit avec une sérénité insolente.

"Je dois vous demander, M. Fisher, de me laisser mener mon enquête selon mes propres lignes", a déclaré Wilson avec fermeté. "Je suis l'officier responsable maintenant."

"Oui", a fait remarquer Horne Fisher, doucement, mais avec un accent qui a en quelque sorte refroidi l'auditeur. "Oui. Mais pourquoi?"

Sir Walter le regardait fixement, car il n'avait jamais vu son jeune ami plutôt nonchalant ressembler ainsi auparavant. Fisher regardait Wilson avec les paupières levées, et les yeux en dessous semblaient avoir perdu ou déplacé un film, comme le font les yeux d'un aigle.

"Pourquoi êtes-vous l'officier responsable maintenant?" Il a demandé. « Pourquoi pouvez-vous mener l'enquête selon vos propres lignes maintenant ? Comment se fait-il, je me demande, que les officiers les plus âgés ne soient pas là pour interférer avec quoi que ce soit que vous faites ?

Personne ne parlait , et personne ne peut dire combien de temps quelqu'un aurait repris ses esprits pour parler lorsqu'un bruit venait du dehors. C'était le bruit lourd et sourd d'un coup porté sur la porte de la tour, et pour leurs esprits ébranlés, cela ressemblait étrangement au marteau de la mort.

La porte en bois de la tour bougea sur ses gonds rouillés sous la main qui la frappa et le prince Michael entra dans la pièce. Personne n'avait le moindre doute sur son identité. Ses vêtements légers, quoique effilochés par ses aventures, étaient d'une coupe fine et presque fantaisie, et il portait une barbe pointue, ou impériale, peut-être comme une autre réminiscence de Louis Napoléon ; mais c'était un homme beaucoup plus grand et gracieux que son prototype. Avant que quiconque puisse parler, il avait fait taire tout le monde un instant avec un léger mais splendide geste d'hospitalité.

"Messieurs," dit-il, "c'est un endroit pauvre maintenant, mais vous êtes chaleureusement les bienvenus."

Wilson fut le premier à se rétablir et il fit un pas vers le nouveau venu.

« Michael O'Neill, je vous arrête au nom du roi pour le meurtre de Francis Morton et James Nolan. Il est de mon devoir de vous avertir… »

«Non, non, M. Wilson», s'écria soudain Fisher. "Vous ne commettrez pas un troisième meurtre."

Sir Walter Carey se leva de sa chaise, qui tomba avec fracas derrière lui. "Qu'est-ce que tout cela signifie?" » a-t-il crié d'une manière autoritaire.

«Cela signifie», dit Fisher, «que cet homme, Hooker Wilson, aussitôt qu'il eut mis la tête par cette fenêtre, a tué ses deux camarades qui avaient mis la tête par les autres fenêtres, en tirant à travers la pièce vide. . C'est ce que cela signifie. Et si vous voulez le savoir, comptez combien de fois il est censé avoir tiré, puis comptez les charges restantes dans son revolver.

Wilson, qui était toujours assis sur la table, tendit brusquement la main vers l'arme qui se trouvait à côté de lui. Mais le mouvement suivant fut le plus inattendu de tous, car le prince qui se tenait sur le seuil passa brusquement de la dignité d'une statue à la rapidité d'un acrobate et arracha le revolver des mains du détective.

"Espèce de chien!" il pleure. « Vous êtes donc le type de la vérité anglaise, comme je le suis de la tragédie irlandaise, vous qui venez me tuer en pataugeant dans le sang de vos frères. S'ils étaient tombés dans une querelle à flanc de colline, cela s'appellerait un meurtre, et pourtant votre péché pourrait vous être pardonné. Mais moi, qui suis innocent, je devais être tué en cérémonie. Il y aurait de longs discours et des juges patients écoutant mon vain plaidoyer d'innocence, notant mon désespoir et l'ignorant. Oui, c'est ce que j'appelle un assassinat. Mais tuer n'est peut-être pas un meurtre ; il reste un coup dans ce petit fusil, et je sais où il doit aller.

Wilson se retourna rapidement sur la table, et même en se retournant , il se tordit de douleur, car Michael lui tira une balle dans le corps où il était assis, de sorte qu'il tomba de la table comme du bois.

La police s'est précipitée pour le relever ; Sir Walter resta sans voix ; puis, avec un geste étrange et las, Horne Fisher parla.

« Vous êtes en effet une sorte de tragédie irlandaise », a-t-il déclaré. « Vous aviez tout à fait raison, et vous vous êtes mis dans l'erreur. »

Le visage du prince resta comme du marbre pendant un moment puis il y eut dans ses yeux une lumière qui n'était pas sans rappeler celle du désespoir. Il éclata de rire et jeta le pistolet fumant au sol.

«J'ai effectivement tort», dit-il. « J'ai commis un crime qui pourrait à juste titre attirer une malédiction sur moi et mes enfants. »

Horne Fisher ne parut pas entièrement satisfait de ce repentir si soudain ; il garda les yeux fixés sur l'homme et dit seulement à voix basse : « De quel crime parlez-vous ?

"J'ai aidé la justice anglaise", a répondu le prince Michael. « J'ai vengé les officiers de votre roi ; J'ai fait le travail de son bourreau. C'est vraiment pour cela que je mérite d'être pendu.

Et il s'est tourné vers la police avec un geste qui ne signifiait pas tant se rendre, mais plutôt lui ordonner de l'arrêter.

C'est l'histoire que Horne Fisher raconta à Harold March, le journaliste, plusieurs années après, dans un petit mais luxueux restaurant près de

Piccadilly. Il avait invité March à dîner quelque temps après l'affaire qu'il appelait « Le visage dans la cible », et la conversation avait naturellement tourné autour de ce mystère, puis sur des souvenirs antérieurs de la vie de Fisher et sur la manière dont il avait été amené à étudier de tels problèmes. comme ceux du prince Michael. Horne Fisher avait quinze ans de plus ; ses cheveux fins étaient devenus une calvitie frontale, et ses mains longues et fines tombaient moins par affectation que par fatigue. Et il a raconté l'histoire de l'aventure irlandaise de sa jeunesse, parce qu'elle a enregistré la première fois où il a été en contact avec le crime, ou a découvert à quel point le crime peut être sombre et terriblement mêlé à la loi.

"Hooker Wilson a été le premier criminel que j'ai connu, et c'était un policier", a expliqué Fisher en faisant tournoyer son verre de vin. « Et toute ma vie a été une affaire de ce genre, mélangée. C'était un homme doté d'un véritable talent, et peut-être même de génie, et qui méritait d'être étudié, à la fois en tant que détective et criminel. Son visage blanc et ses cheveux roux étaient typiques de lui, car il faisait partie de ceux qui ont froid et pourtant enflammés par la gloire ; et il pouvait contrôler la colère, mais pas l'ambition. Il ravala les rebuffades de ses supérieurs lors de cette première querelle, même s'il bouillait de ressentiment ; mais lorsqu'il aperçut tout à coup les deux têtes sombres sur l'aube et encadrées dans les deux fenêtres, il ne pouvait manquer l'occasion, non seulement de se venger, mais de lever les deux obstacles à son avancement. Il était un tireur d'élite et comptait les faire taire tous les deux, même si de toute façon il aurait été difficile d'avoir des preuves contre lui. Mais, en fait, il a échappé de justesse, dans le cas de Nolan, qui a vécu juste assez longtemps pour dire « Wilson » et pointer du doigt. On pensait qu'il appelait à l'aide pour son camarade, mais en réalité il dénonçait son assassin. Après cela, il était facile de jeter l'échelle au-dessus de lui (car un homme sur une échelle ne peut pas voir clairement ce qu'il y a en bas et derrière) et de se jeter à terre comme une autre victime de la catastrophe.

« Mais à son ambition meurtrière se mêlait une réelle croyance, non seulement en ses propres talents, mais en ses propres théories. Il croyait en ce qu'il appelait un œil neuf et il voulait de nouvelles méthodes. Il y avait quelque chose à son avis, mais cela a échoué là où de telles choses échouent habituellement, parce qu'un œil neuf ne peut pas voir l'invisible. C'est vrai pour l'échelle et l'épouvantail, mais non pour la vie et l'âme ; et il a fait une grave erreur sur ce qu'un homme comme Michael ferait quand il entendrait une femme crier. Toute la vanité et la vaine gloire de Michael le firent sortir immédiatement ; il serait entré dans le château de Dublin pour un gant de dame. Appelez cela sa pose ou comme vous voulez, mais il l'aurait fait. Ce qui s'est passé lorsqu'il l'a rencontrée est une autre histoire, et nous ne le saurons peut-être jamais, mais d'après les récits que j'ai entendus depuis, ils ont dû se réconcilier. Wilson avait tort sur ce point ; mais il y avait quand même quelque chose dans son idée que c'est le nouveau venu qui voit le plus, et que l'homme sur place en sait peut-être trop pour savoir quoi que ce soit. Il avait raison sur certaines choses. Il avait raison à mon sujet.

"Au propos de vous?" » demanda Harold March avec étonnement.

"Je suis l'homme qui en sait trop pour savoir quoi que ce soit, ou, en tout cas, pour faire quoi que ce soit", a déclaré Horne Fisher. « Je ne parle pas spécialement de l'Irlande. Je veux dire à propos de l'Angleterre. Je veux dire de toute la façon dont nous sommes gouvernés, et peut-être de la seule façon dont nous pouvons être gouvernés. Vous m'avez demandé tout à l'heure ce qu'étaient devenus les survivants de cette tragédie. Eh bien, Wilson s'est rétabli et nous avons réussi à le persuader de prendre sa retraite. Mais nous avons dû offrir une pension à ce maudit meurtrier plus magnifiquement que n'importe quel héros ayant jamais combattu pour l'Angleterre. J'ai réussi à sauver Michael du pire, mais nous avons dû envoyer cet homme parfaitement innocent aux travaux forcés pour un crime dont nous savons qu'il n'avait jamais commis, et ce n'est qu'après que nous avons pu être de connivence sournoise avec son évasion. Et Sir Walter Carey est Premier ministre de ce pays, ce qu'il n'aurait probablement jamais été si la vérité avait été révélée sur un scandale aussi horrible dans son département. Cela aurait pu suffire pour nous en Irlande ; cela aurait certainement fait pour lui. Et c'est un vieil ami de mon père, et il m'a toujours comblé de gentillesse. Je suis trop mêlé à tout cela, voyez-vous, et je ne suis certainement jamais né pour arranger les choses. Vous avez l'air affligé, pour ne pas dire choqué, et cela ne m'offense pas du tout. Changeons de sujet, si vous le souhaitez. Que pensez-vous de cette Bourgogne ? C'est plutôt une de mes découvertes, comme le restaurant lui-même.

Et il se mit à parler savantement et luxueusement de tous les vins du monde ; sur ce sujet aussi, certains moralistes considéreraient qu'il en savait trop.

<hr>

III. L'ÂME DE L'ÉCOLIER

Il faudrait une grande carte de Londres pour représenter le parcours sauvage et zigzag d'une journée de voyage entreprise par un oncle et son neveu ; ou, pour parler plus exactement, d'un neveu et de son oncle. Car le neveu, écolier en vacances, était en théorie le dieu dans la voiture, ou dans le taxi, le tramway, le métro, etc., tandis que son oncle était tout au plus un prêtre dansant devant lui et offrant des sacrifices. Pour le dire plus sobrement, l'écolier avait un peu l'air impassible d'un jeune duc faisant le grand tour, tandis que son parent âgé était réduit au poste de courrier, qui devait pourtant tout payer comme un mécène. L'écolier était officiellement connu sous le nom de Summers Minor, et de manière plus sociale sous le nom de Stinks, seul hommage public à sa carrière de photographe amateur et d'électricien. L'oncle était le révérend Thomas Twyford , un vieux monsieur mince et vif avec un visage rouge et impatient et des cheveux blancs. Il était ordinairement un ecclésiastique de campagne, mais il était de ceux qui parviennent au paradoxe d'être célèbres d'une manière obscure, parce qu'ils sont célèbres dans un monde obscur. Dans un petit cercle d'archéologues ecclésiastiques, seuls capables de comprendre les découvertes des uns et des autres, il occupait une place reconnue et respectable. Et un critique aurait pu trouver même dans le voyage de cette journée au moins autant de passe-temps de l'oncle que de vacances du neveu.

Son objectif initial était entièrement paternel et festif. Mais, comme beaucoup d'autres personnes intelligentes, il n'était pas au-dessus de la faiblesse de jouer avec un jouet pour s'amuser, pensant que cela amuserait un enfant. Ses jouets étaient des couronnes, des mitres, des crosses et des épées d'État ; et il s'était attardé sur eux, se disant que le garçon devrait voir toutes les curiosités de Londres. Et à la fin de la journée, après un énorme thé, il trahit le jeu en terminant par une visite à laquelle presque aucun garçon humain ne pouvait être conçu comme s'intéressant - une chambre souterraine censée avoir été une chapelle, récemment. découvert sur la rive nord de la Tamise et ne contenant littéralement rien d'autre qu'une vieille pièce d'argent. Mais pour ceux qui le savaient, la pièce était plus solitaire et plus splendide que le Koh-i-noor . C'était romain et on disait qu'il portait la tête de saint Paul ; et autour d'elle faisaient rage les controverses les plus vitales au sujet de l'ancienne Église britannique. Il est cependant difficile de nier que les controverses ont laissé Summers Minor relativement froid.

En effet, les choses qui intéressaient Summers Minor, et celles qui ne l'intéressaient pas, avaient mystifié et amusé son oncle pendant plusieurs heures. Il montrait l'ignorance et la connaissance surprenantes de l'écolier anglais – la connaissance d'une classification spéciale dans laquelle il peut généralement corriger et confondre ses aînés. Il se croyait en droit, un jour férié à Hampton Court, d'oublier les noms mêmes du cardinal Wolsey ou de Guillaume d'Orange ; mais on ne pouvait guère l'arracher à quelques détails sur la disposition des sonnettes électriques de l'hôtel voisin. Il fut profondément ébloui par l'abbaye de Westminster, ce qui n'est pas si anormal puisque cette église est devenue le débarras de la statuaire plus grande et moins réussie du XVIIIe siècle. Mais il avait une connaissance magique et minutieuse des omnibus de Westminster, et même de tout le système omnibus de Londres, dont il connaissait les couleurs et les chiffres comme un héraut connaît l'héraldique. Il criait contre une confusion momentanée entre un Paddington vert clair et un véhicule Bayswater vert foncé , comme le ferait son oncle lors de l'identification d'une icône grecque et d'une image romaine.

« Collectionnez-vous les omnibus comme les timbres ? demanda son oncle. «Ils doivent avoir besoin d'un album assez gros. Ou est-ce que tu les gardes dans ton casier ?

«Je les garde en tête», répondit le neveu avec une fermeté légitime.

«Cela vous fait honneur, je l'avoue», répondit le pasteur. « Je suppose qu'il serait vain de demander dans quel but vous avez appris cela parmi mille choses. Il ne semble guère y avoir de carrière là-dedans, à moins de rester en permanence sur le trottoir pour empêcher les vieilles dames de monter dans le mauvais bus. Eh bien, nous devons sortir de là, car c'est notre place. Je veux vous montrer ce qu'on appelle le Penny de Saint-Paul.

« Est-ce que cela ressemble à la cathédrale Saint-Paul ? » demanda le jeune homme avec résignation en descendant.

A l'entrée, leurs regards furent arrêtés par une silhouette singulière qui planait visiblement là avec le même désir d'entrer. C'était celui d'un homme brun et mince, vêtu d'une longue robe noire un peu comme une soutane ; mais le bonnet noir sur sa tête avait une forme trop étrange pour être une barrette. Cela suggérait plutôt une coiffure archaïque de Perse ou de Babylone. Il avait une curieuse barbe noire qui n'apparaissait qu'aux coins de son menton, et ses grands yeux étaient curieusement placés sur son visage comme les yeux plats décoratifs peints dans les vieux profils égyptiens. Avant qu'ils n'aient eu plus qu'une impression générale de lui, il s'était plongé dans l'embrasure de la porte qui était leur propre destination.

Rien ne pouvait être vu au-dessus du sol du sanctuaire englouti, à l'exception d'une solide cabane en bois, du genre de celles récemment construites à de nombreuses fins militaires et officielles, dont le plancher en bois n'était en réalité qu'une simple plate-forme au-dessus de la cavité creusée en contrebas. Un soldat faisait la sentinelle à l'extérieur et un soldat supérieur, un officier anglo-indien de distinction, était assis à écrire au bureau à l'intérieur. En effet, les touristes découvrirent bientôt que ce site particulier était entouré des précautions les plus extraordinaires. J'ai comparé la pièce d'argent au Koh-i-noor , et dans un sens, elle était même conventionnellement comparable, puisque par un accident historique, elle était autrefois presque comptée parmi les joyaux de la Couronne, ou du moins parmi les reliques de la Couronne, jusqu'à ce qu'un des princes royaux le restituèrent publiquement au sanctuaire auquel il était censé appartenir. D'autres causes se conjuguèrent pour concentrer sur elle la vigilance officielle ; on avait eu peur des espions transportant des explosifs dans de petits objets, et un de ces ordres expérimentaux qui passent comme des vagues sur la bureaucratie avait décrété que tous les visiteurs devaient d'abord changer leurs vêtements contre une sorte de sac officiel, puis (quand cette méthode provoquait quelques murmure) qu'ils devraient au moins vider leurs poches. Le colonel Morris, l'officier responsable, était un homme petit et actif avec un visage sombre et coriace, mais un œil vif et plein d'humour - une contradiction confirmée par sa conduite, car il se moquait à la fois des garanties et pourtant insistait sur elles.

« Moi-même, je ne me soucie pas du tout du Penny de Paul, ou de choses semblables », a-t-il admis en réponse à quelques ouvertures d'antiquaires de la part de l'ecclésiastique qui le connaissait un peu, « mais je porte l'habit du roi, vous savez, et c'est un chose grave quand l'oncle du roi laisse ici un objet de ses propres mains sous ma garde. Mais en ce qui concerne les saints, les reliques et tout, je crains d'être un peu voltairien ; ce qu'on appellerait un sceptique.

"Je ne suis même pas sûr qu'il soit sceptique de croire en la famille royale et non en la 'Sainte' Famille", a répondu M. Twyford . "Mais bien sûr, je peux facilement vider mes poches, pour montrer que je ne porte pas de bombe."

Le petit tas de biens du curé qu'il laissa sur la table se composait principalement de papiers, outre une pipe et une blague à tabac et quelques pièces de monnaie romaines et saxonnes. Le reste était des catalogues de livres anciens et des brochures, comme celle intitulée « L'usage de Sarum », dont un seul coup d'œil suffisait au colonel et à l'écolier. Ils ne voyaient pas du tout l'utilité de Sarum. Le contenu des poches du garçon formait naturellement un tas plus grand et comprenait des billes, une pelote de ficelle, une torche électrique, un aimant, une petite catapulte et, bien sûr, un grand couteau de poche, presque à décrire comme une petite boîte à outils. , un appareil complexe sur lequel il semblait disposé à s'attarder, soulignant qu'il comprenait une paire de pinces, un outil pour percer des trous dans le bois et, surtout, un instrument pour extraire les pierres du sabot d'un cheval. L'absence relative de tout cheval semblait considérer comme hors de propos, comme s'il s'agissait d'un simple appendice facilement fourni. Mais quand vint le tour du monsieur en robe noire, il ne vida pas ses poches, mais étendit simplement ses mains.

"Je n'ai aucun bien", a-t-il déclaré.

« Je crains de devoir vous demander de vider vos poches et de vous en assurer », observa le colonel d'un ton bourru.

«Je n'ai pas de poches», dit l'inconnu.

M. Twyford regardait la longue robe noire d'un œil savant.

"Es-tu moine?" » demanda-t-il d'un air perplexe.

"Je suis un mage", répondit l'étranger. « Vous avez peut-être entendu parler des mages ? Je suis un magicien.

"Oh, je dis!" s'exclama Summers Minor, les yeux proéminents.

"Mais j'étais autrefois moine", reprit l'autre. « Je suis ce qu'on appellerait un moine évadé. Oui, je me suis échappé dans l'éternité. Mais les moines détenaient au moins une vérité : la vie la plus élevée devait être sans possessions. Je n'ai ni argent de poche ni poches, et toutes les étoiles sont mes bibelots.

« De toute façon, ils sont hors de portée », observa le colonel Morris d'un ton qui suggérait que c'était bien pour eux. « J'ai moi-même connu bon nombre de magiciens en Inde, du manguier et tout. Mais les Indiens sont tous des fraudeurs, je le jure. En fait, j'ai eu beaucoup de plaisir à les présenter. De toute façon, c'est plus amusant que moi dans ce travail morne. Mais voici M. Symon qui vous fera visiter l'ancienne cave en bas.

M. Symon, le gardien et guide officiel, était un jeune homme, prématurément grisonnant, avec une bouche grave qui contrastait curieusement avec une très petite moustache sombre à pointes cirées, qui semblait en quelque sorte séparée d'elle, comme si une mouche noire avait s'installa sur son visage. Il parlait avec l'accent d'Oxford et du fonctionnaire permanent, mais d'une manière aussi plate que le guide engagé le plus indifférent. Ils descendirent un escalier de pierre sombre, au sol duquel Symon appuya sur un bouton et une porte s'ouvrit sur une pièce sombre, ou plutôt sur une pièce qui était un instant auparavant sombre. Car presque au moment où la lourde porte en fer s'ouvrait, une flamme presque aveuglante de lumières électriques remplissait tout l'intérieur. L'enthousiasme intermittent de Stinks s'enflamma aussitôt et il demanda avec impatience si les lumières et la porte fonctionnaient ensemble.

"Oui, c'est un seul système", a répondu Symon. « Tout était prêt pour le jour où Son Altesse Royale a déposé la chose ici. Vous voyez, il est enfermé derrière une vitrine exactement comme il l'a laissé.

Un coup d'œil montra que les dispositions prises pour garder le trésor étaient en effet aussi solides que simples. Une seule vitre coupait un coin de la pièce, dans une charpente en fer encastrée dans les parois rocheuses et le toit en bois au-dessus ; il n'était désormais plus possible de rouvrir la vitrine sans un travail complexe, sauf en cassant la vitre, ce qui réveillerait probablement le veilleur de nuit qui se trouvait toujours à quelques mètres de la vitrine, même s'il s'était endormi. Un examen attentif aurait montré des garanties bien plus ingénieuses ; mais l'œil du révérend Thomas Twyford , au moins, était déjà rivé sur ce qui l'intéressait bien plus : le disque d'argent terne qui brillait dans la lumière blanche sur un fond uni de velours noir.

"St. Le Penny de Paul, censé commémorer la visite de saint Paul en Grande-Bretagne, a probablement été conservé dans cette chapelle jusqu'au VIIIe siècle », disait Symon de sa voix claire mais incolore. « Au IXe siècle, on suppose qu'elle fut emportée par les barbares, et elle réapparaît, après la conversion des Goths du nord, en possession de la famille royale de Gothland . Son Altesse Royale le duc de Gothland l'a toujours conservé sous sa garde privée et, lorsqu'il a décidé de l'exposer au public, il l'a placé ici de sa propre main. Il a été immédiatement scellé de telle manière… »

Malheureusement, à ce moment-là, Summers Minor, dont l'attention s'était quelque peu éloignée des guerres de religion du IXe siècle, aperçut un court morceau de fil de fer apparaissant dans une partie cassée du mur. Il s'est précipité, criant : « Je dis, est-ce que ça a un lien ?

Il était évident qu'il y avait effectivement connexion, car à peine le garçon avait-il donné un tic, que toute la pièce devenait noire, comme s'ils avaient tous été rendus aveugles, et un instant après, ils entendirent le fracas sourd de la porte qui se fermait.

"Eh bien, vous l'avez fait maintenant", dit Symon, de son air tranquille. Puis, après une pause, il ajouta : « Je suppose que nous leur manquerons tôt ou tard, et ils pourront sans aucun doute l'ouvrir ; mais cela peut prendre un peu de temps.

Il y eut un silence, puis l'invincible Stinks observa :

"Pourri d'avoir dû laisser ma torche électrique."

«Je pense», dit son oncle avec retenue, «que nous sommes suffisamment convaincus de votre intérêt pour l'électricité.»

Puis, après une pause, il remarqua, plus aimablement : « Je suppose que si je regrettais un de mes propres obstacles, ce serait la pipe. Mais en fait, ce n'est pas très amusant de fumer dans le noir. Tout semble différent dans le noir.

"Tout est différent dans le noir", dit une troisième voix, celle de celui qui se disait magicien. C'était une voix très musicale, qui contrastait plutôt avec son visage sinistre et basané, désormais invisible. « Peut-être que vous ne savez pas à quel point cette vérité est terrible. Tout ce que vous voyez, ce sont des images faites par le soleil, des visages, des meubles, des fleurs et des arbres. Les choses elles-mêmes peuvent vous sembler assez étranges. Il se peut que quelque chose d'autre se trouve maintenant à l'endroit où vous avez vu une table ou une chaise. Le visage de votre ami peut être très différent dans le noir.

Un bruit court et indescriptible rompit le silence. Twyford sursauta une seconde, puis dit sèchement :

"Vraiment, je ne pense pas que ce soit une occasion appropriée pour essayer d'effrayer un enfant."

"Qui est un enfant?" s'écria Summers indigné, avec une voix qui avait un air de corbeau, mais aussi une sorte de craquement. « Et qui est un funk, non plus ? Pas moi."

"Alors je vais me taire", dit l'autre voix sortie de l'obscurité. "Mais le silence fait et défait aussi."

Le silence requis resta longtemps ininterrompu jusqu'à ce que finalement le prêtre dise à Symon à voix basse :

"Je suppose que tout va bien pour l'air ?"

"Oh, oui," répondit l'autre à voix haute ; "Il y a une cheminée et une cheminée dans le bureau juste à côté de la porte."

Un bond et le bruit d'une chaise qui tombe leur dirent que l'irrépressible génération montante s'était une fois de plus jetée à travers la pièce. Ils entendirent l'éjaculation : « Une cheminée ! Eh bien, je serai… » et le reste se perdit dans des cris étouffés, mais exultants.

L'oncle appela vainement à plusieurs reprises, finit par tâtonner jusqu'à l'ouverture, et, scrutant celle-ci, aperçut un disque de lumière du jour, qui semblait suggérer que le fugitif avait disparu en toute sécurité. Revenant vers le groupe près de la vitrine, il tomba sur la chaise tombée et prit un moment pour se ressaisir. Il avait ouvert la bouche pour parler à Symon, quand il s'arrêta, et se retrouva soudain à cligner des yeux sous le choc de la lumière blanche, et regardant par-dessus l'épaule de l'autre homme, il vit que la porte était ouverte.

« Alors ils nous ont enfin attaqués », observa-t-il à Symon.

L'homme en robe noire était appuyé contre le mur à quelques mètres de là, avec un sourire gravé sur son visage.

«Voici le colonel Morris», poursuivit Twyford , s'adressant toujours à Symon. « L'un de nous devra lui raconter comment la lumière s'est éteinte. Veux-tu?"

Mais Symon ne disait toujours rien. Il se tenait aussi immobile qu'une statue et regardait fixement le velours noir derrière la vitre. Il regardait le velours noir parce qu'il n'y avait rien d'autre à regarder. Le Penny de Saint-Paul avait disparu.

Le colonel Morris entra dans la pièce avec deux nouveaux visiteurs ; vraisemblablement deux nouveaux touristes retardés par l'accident. Le premier était un homme grand, blond, à l'air plutôt langoureux, avec un front chauve et un nez haut ; son compagnon était un homme plus jeune, aux cheveux clairs et bouclés et aux yeux francs, voire innocents. Symon semblait à peine entendre les nouveaux arrivants ; c'était presque comme s'il n'avait pas réalisé que le retour de la lumière révélait son attitude maussade. Puis il tressaillit d'un air coupable, et lorsqu'il aperçut l'aîné des deux étrangers, son visage pâle parut devenir plus pâle.

"Pourquoi c'est Horne Fisher!" puis, après une pause, il dit à voix basse : « Je suis dans un diable de trou, Fisher. »

«Il semble effectivement qu'il y ait un petit mystère à éclaircir», observa le monsieur ainsi interpellé.

"Ce ne sera jamais éclairci", dit le pâle Symon. « Si quelqu'un pouvait clarifier la situation, vous le pourriez. Mais personne ne le pouvait.

"Je pense plutôt que je pourrais", dit une autre voix extérieure au groupe, et ils se tournèrent avec surprise pour réaliser que l'homme à la robe noire avait encore parlé.

"Toi!" » dit brusquement le colonel. « Et comment proposez-vous de jouer au détective ?

"Je ne propose pas de jouer au détective", répondit l'autre d'une voix claire comme une cloche. «Je propose de jouer au magicien. L'un des magiciens que vous rencontrez en Inde, colonel.

Personne n'a parlé pendant un moment, puis Horne Fisher a surpris tout le monde en disant : « Eh bien, montons à l'étage, et ce monsieur pourra essayer. »

Il a arrêté Symon, qui avait un doigt automatique sur le bouton, en disant : « Non, laissez toutes les lumières allumées. C'est une sorte de garde-fou.»

"Cette chose ne peut pas être enlevée maintenant", dit Symon avec amertume.

"Il peut être remis en place", a répondu Fisher.

Twyford avait déjà couru à l'étage pour prendre des nouvelles de son neveu disparu, et il reçut des nouvelles de lui d'une manière qui le laissa perplexe et rassura à la fois. A l'étage supérieur se trouvait une de ces grosses fléchettes en papier que les garçons se lancent lorsque le maître d'école est hors de la pièce. Il avait visiblement été jeté contre la fenêtre et, une fois déplié, il y avait un gribouillage d'une mauvaise écriture qui disait : « Cher oncle ; Je vais bien. On se retrouve plus tard à l'hôtel », puis la signature.

Insensiblement réconforté par cela, l'ecclésiastique retrouva ses pensées se tournant volontairement vers sa relique préférée, qui venait juste après dans ses sympathies pour son neveu préféré, et avant de savoir où il se trouvait , il se retrouva encerclé par le groupe discutant de sa perte, et plus encore. ou moins emportés par le courant de leur excitation. Mais un courant sous-jacent de questions continuait de courir dans son esprit, quant à ce qui était réellement arrivé au garçon, et quelle était la définition exacte du garçon pour être bien.

Pendant ce temps, Horne Fisher avait considérablement intrigué tout le monde avec son nouveau ton et sa nouvelle attitude. Il avait parlé au colonel des dispositions militaires et mécaniques et faisait preuve d'une connaissance remarquable tant des détails de la discipline que des technicités de l'électricité. Il avait parlé au pasteur et montré une connaissance tout aussi surprenante des intérêts religieux et historiques impliqués dans la relique. Il avait parlé à l'homme qui se disait magicien et avait non seulement surpris mais scandalisé l'assistance par sa familiarité tout aussi sympathique avec les formes les plus fantastiques de l'occultisme oriental et des expériences psychiques. Et dans cette dernière et la moins respectable ligne d'enquête, il était évidemment prêt à aller le plus loin ; il encourageait ouvertement le magicien et était manifestement prêt à suivre les voies d'investigation les plus folles dans lesquelles ce mage pourrait le conduire.

« Comment commenceriez-vous maintenant ? » » demanda-t-il avec une politesse inquiète qui réduisit le colonel à un accès de rage.

« Tout est une question de force ; d'établir des communications pour une force », répondit cet adepte, affablement, ignorant certains murmures militaires à propos de la police. « C'est ce que vous appeliez en Occident le magnétisme animal, mais c'est bien plus que cela. Je ferais mieux de ne pas en dire davantage. Pour ce qui est de s'y prendre, la méthode habituelle consiste à jeter une personne susceptible dans une transe, qui sert comme une sorte de pont ou de cordon de communication, par lequel la force au-delà peut lui donner, pour ainsi dire, un choc électrique et l'éveiller. ses sens supérieurs. Cela ouvre l'œil endormi de l'esprit.

«Je suis suspect », a déclaré Fisher, soit avec simplicité, soit avec une ironie déconcertante. « Pourquoi ne pas ouvrir mon esprit sur moi ? Mon ami Harold March ici présent vous dira que je vois parfois des choses, même dans le noir.

"Personne ne voit rien sauf dans le noir", dit le magicien.

De gros nuages de coucher de soleil se resserraient autour de la cabane en bois, des nuages énormes dont on ne voyait dans la petite fenêtre que les coins, comme des cornes et des queues violettes, un peu comme si des monstres énormes rôdaient autour de la maison. Mais le violet devenait déjà gris foncé ; il ferait bientôt nuit.

"N'allumez pas la lampe", dit le mage avec une autorité tranquille, arrêtant un mouvement dans cette direction. "Je vous l'ai déjà dit, les choses n'arrivent que dans le noir."

Comment une telle scène à l'envers a-t-elle pu être tolérée dans le bureau du colonel, entre autres, est restée une énigme dans la mémoire de beaucoup, y compris du colonel. Ils s'en souvenaient comme d'une sorte de cauchemar, comme de quelque chose qu'ils ne pouvaient contrôler. Peut-être qu'il y avait vraiment un magnétisme chez le mesmériste ; peut-être qu'il y avait encore plus de magnétisme chez l'homme hypnotisé. Quoi qu'il en soit, l'homme était hypnotisé, car Horne Fisher s'était effondré sur une chaise, ses longs membres lâches et étalés et ses yeux fixés sur le vide ; et l'autre homme le hypnotisait, faisant des mouvements amples avec ses bras sombrement drapés comme s'il avait des ailes noires. Le colonel avait dépassé le point d'explosion et il réalisa vaguement que les aristocrates excentriques étaient autorisés à s'aventurer. Il se consolait en sachant qu'il avait déjà fait venir la police, qui déjouerait une telle mascarade, et en allumant un cigare dont le bout rouge, dans l'obscurité grandissante, brillait de protestation.

«Oui, je vois des poches», disait l'homme en transe. « Je vois beaucoup de poches, mais elles sont toutes vides. Non; Je vois une poche qui n'est pas vide.

Il y eut un léger mouvement dans le silence et le magicien dit : « Pouvez-vous voir ce qu'il y a dans la poche ?

«Oui», répondit l'autre; « Il y a deux choses brillantes. Je pense que ce sont deux morceaux d'acier. L'une des pièces d'acier est pliée ou tordue.

« Ont-ils été utilisés pour retirer la relique du rez-de-chaussée ?

"Oui."

Il y eut une autre pause et l'enquêteur ajouta : « Voyez-vous quelque chose de la relique elle-même ?

«Je vois quelque chose qui brille sur le sol, comme son ombre ou son fantôme. Il est là-bas, dans le coin, derrière le bureau.

Il y eut un mouvement d'hommes qui se retournèrent, puis un brusque silence, comme s'ils se raidissaient, car là-bas, dans le coin du parquet, il y avait en réalité une tache ronde de lumière pâle. C'était le seul point de lumière dans la pièce. Le cigare était éteint.

"Cela montre le chemin", dit la voix de l'oracle. « Les esprits indiquent la voie à la pénitence et poussent le voleur à la restitution. Je ne vois plus rien. Sa voix s'éteignit dans un silence qui dura plusieurs minutes, comme le long silence en bas lorsque le vol avait été commis. Puis il fut brisé par l'anneau de métal posé sur le sol et par le bruit de quelque chose qui tournait et tombait comme une pièce de monnaie lancée.

"Allumez la lampe!" s'écria Fisher d'une voix forte et même joviale, en se levant d'un bond avec beaucoup moins de langueur que d'habitude. « Je dois y aller maintenant, mais j'aimerais le voir avant de partir. Eh bien, je suis venu exprès pour le voir.

La lampe était allumée, et il la vit, car le Penny de Saint-Paul gisait par terre à ses pieds.

"Oh, quant à ça", expliqua Fisher, alors qu'il recevait March et Twyford au déjeuner environ un mois plus tard, "je voulais simplement jouer avec le magicien à son propre jeu."

"Je pensais que vous vouliez l'attraper dans son propre piège", a déclaré Twyford . « Je ne peux pas encore comprendre quoi que ce soit, mais à mon avis, il a toujours été le suspect. Je ne pense pas qu'il s'agisse nécessairement d'un voleur au sens vulgaire du terme. La police semble toujours penser que l'argent est volé pour le plaisir, mais une telle chose pourrait bien être volée par folie religieuse. Un moine en fuite devenu mystique pourrait très bien le vouloir dans un but mystique.

"Non", répondit Fisher, "le moine en fuite n'est pas un voleur. En tout cas, ce n'est pas lui le voleur. Et ce n'est pas non plus un menteur absolu. Il a dit au moins une chose vraie cette nuit-là.

"Et qu'est-ce que c'était?" » s'enquit Mars.

« Il a dit que tout cela n'était que du magnétisme. En fait, cela s'est fait au moyen d'un aimant. Puis, voyant qu'ils semblaient toujours perplexes, il ajouta : « C'était cet aimant jouet appartenant à votre neveu, M. Twyford .

"Mais je ne comprends pas", objecta March. "Si cela a été fait avec l'aimant de l'écolier, je suppose que cela a été fait par l'écolier."

"Eh bien", répondit Fisher d'un ton réfléchi, "ça dépend plutôt de quel écolier."

"Que diable veux-tu dire?"

"L'âme d'un écolier est une chose curieuse", a poursuivi Fisher d'un ton méditatif. « Il peut survivre à bien des choses en plus de sortir d'une cheminée. Un homme peut vieillir dans les grandes campagnes et avoir encore une âme d'écolier. Un homme peut revenir de l'Inde avec une grande réputation et être chargé d'un grand trésor public, tout en gardant l'âme d'un écolier attendant d'être réveillé par un accident. Et cela l'est dix fois plus quand à l'écolier on ajoute le sceptique, qui est généralement une sorte d'écolier rabougri. Vous avez dit tout à l'heure que les choses pourraient être le résultat d'une folie religieuse. Avez-vous déjà entendu parler de la manie irréligieuse ? Je vous assure que cela existe de manière très violente, surtout chez les hommes qui aiment se montrer magiciens en Inde. Mais ici, le sceptique a été tenté de montrer une imposture bien plus terrible, plus près de chez lui.

Une lumière apparut dans les yeux d'Harold March lorsqu'il vit soudain, comme de loin, l'implication plus large de cette suggestion. Mais Twyford était toujours aux prises avec un problème à la fois.

« Voulez-vous vraiment dire, dit-il, que le colonel Morris a pris la relique ?

"Il était la seule personne capable d'utiliser l'aimant", a répondu Fisher. « En fait, votre obligeant neveu lui a laissé un certain nombre de choses dont il pourrait avoir besoin. Il avait une pelote de ficelle et un instrument pour faire un trou dans le parquet — j'ai d'ailleurs joué un peu avec ce trou dans le parquet dans ma transe ; avec les lumières laissées allumées en bas, cela brillait comme un nouveau shilling. Twyford bondit soudain sur sa chaise. "Mais dans ce cas," s'écria-t-il d'une voix nouvelle et modifiée, "pourquoi alors bien sûr... Vous avez dit un morceau d'acier..."

"J'ai dit qu'il y avait deux morceaux d'acier", a déclaré Fisher. « Le morceau d'acier plié était l'aimant du garçon. L'autre était la relique dans la vitrine.

"Mais c'est de l'argent", répondit l'archéologue d'une voix désormais presque méconnaissable.

"Oh," répondit Fisher d'une manière apaisante, "J'ose dire qu'il a été un peu peint avec de l'argent."

Il y eut un lourd silence et Harold March finit par dire : « Mais où est la vraie relique ?

"Où il est depuis cinq ans", répondit Horne Fisher, "en possession d'un millionnaire fou nommé Vandam , dans le Nebraska. L'autre jour, il y avait une petite photo ludique de lui dans un journal mondain, mentionnant son illusion et disant qu'il se faisait toujours duper à propos de reliques.

Harold March fronça les sourcils en regardant la nappe ; puis, après un intervalle, il dit : « Je pense comprendre votre idée de la façon dont la chose a été réellement faite ; d'après cela, Morris a juste fait un trou et l'a repêché avec un aimant au bout d'une ficelle. Un tel tour de singe ressemble à de la pure folie, mais je suppose qu'il était fou, en partie à cause de l'ennui de veiller sur ce qu'il considérait comme une fraude, même s'il ne pouvait pas le prouver. Puis vint l'occasion de le prouver, du moins à lui-même, et il s'amusa avec cela. Oui, je pense que je vois beaucoup de détails maintenant. Mais c'est tout cela qui me frappe. Comment tout cela en est-il arrivé à cela ?

Fisher le regardait avec les paupières plates et d'un air immobile.

"Toutes les précautions ont été prises", a-t-il déclaré. "Le duc portait la relique sur lui-même et l'a enfermée dans l'étui de ses propres mains."

Mars était silencieux ; mais Twyford balbutia. "Je ne te comprends pas. Tu me donnes la chair de poule. Pourquoi ne parles-tu pas plus clairement ?

"Si je parlais plus clairement, vous me comprendriez moins", a déclaré Horne Fisher.

"Je devrais quand même essayer", dit March, toujours sans lever la tête.

« Oh, très bien, » répondit Fisher avec un soupir ; « La pure vérité est, bien sûr, que c'est une mauvaise affaire. Tout le monde sait que c'est une mauvaise affaire, même s'il en sait quelque chose. Mais cela arrive toujours, et d'une certaine manière, on ne peut guère leur en vouloir. Ils s'accrochent à une princesse étrangère aussi raide qu'une poupée hollandaise et se lancent dans une aventure. Dans ce cas, c'était une très grosse aventure.

Le visage du révérend Thomas Twyford suggérait certainement qu'il était un peu perdu dans les mers de vérité, mais à mesure que l'autre continuait à parler vaguement, les traits du vieux monsieur se sont aiguisés et fixés.

« S'il s'agissait d'une affaire morganatique décente , je ne le dirais pas ; mais il a dû être idiot de dépenser des milliers de dollars pour une femme comme celle-là. À la fin, ce fut un pur chantage ; mais c'est quelque chose que ce vieux con n'a pas récupéré auprès des contribuables. Il n'a pu l'extraire que du Yank, et voilà.

Le révérend Thomas Twyford s'était levé.

"Eh bien, je suis content que mon neveu n'ait rien à voir avec ça", a-t-il déclaré. "Et si le monde est ainsi, j'espère qu'il n'aura jamais rien à voir avec ça."

"J'espère que non", répondit Horne Fisher. "Personne ne sait aussi bien que moi qu'on peut avoir beaucoup trop à voir avec ça."

Car Summers Minor n'y était en effet pour rien ; et cela fait partie de sa signification supérieure qu'il n'ait vraiment rien à voir avec l'histoire, ni avec de telles histoires. Le garçon a traversé comme une balle l'enchevêtrement de cette histoire de politique tordue et de moqueries folles et est ressorti de l'autre côté, poursuivant ses propres objectifs intacts. Du haut de la cheminée où il grimpait, il avait aperçu un nouvel omnibus dont il n'avait jamais connu la couleur et le nom, comme un naturaliste voit un nouvel oiseau ou un botaniste une nouvelle fleur. Et il avait été suffisamment ravi en se précipitant après lui et en s'éloignant sur ce bateau féerique.

IV. LE PUITS SANS FOND

Dans une oasis ou une île verte, dans les mers de sable rouge et jaune qui s'étendent au-delà de l'Europe vers le lever du soleil, on peut trouver un contraste assez fantastique, mais qui n'en est pas moins typique d'un tel lieu, puisque les traités internationaux l'ont rendu un avant-poste de l'occupation britannique. Le site est célèbre parmi les archéologues pour ce qui n'est guère un monument, mais simplement un trou dans le sol. Mais c'est un puits rond, comme celui d'un puits, et probablement une partie de quelques grands travaux d'irrigation d'une date lointaine et controversée, peut-être plus ancienne que tout ce qui existe dans cette ancienne terre. Il y a une frange verte de palmiers et de figues de Barbarie autour de l'embouchure noire du puits ; mais il ne reste rien de la maçonnerie supérieure, à l'exception de deux pierres volumineuses et battues, dressées comme les piliers d'une porte vers nulle part, dans lesquelles certains des archéologues les plus transcendantaux, dans certaines humeurs au lever ou au coucher du soleil, pensent pouvoir tracer les faibles lignes de personnages ou de personnages. des caractéristiques qui dépassent la monstruosité babylonienne ; tandis que les archéologues les plus rationalistes, aux heures les plus rationnelles du jour, ne voient que deux rochers informes. On a peut-être remarqué cependant que tous les Anglais ne sont pas archéologues. Beaucoup de ceux qui sont rassemblés dans un tel lieu à des fins officielles et militaires ont des passe-temps autres que l'archéologie. Et c'est un fait solennel que les Anglais, dans cet exil oriental, ont réussi à aménager un petit terrain de golf à partir de broussailles vertes et de sable ; avec un club-house confortable à une extrémité et ce monument primitif à l'autre. Ils n'ont pas réellement utilisé cet abîme archaïque comme bunker, car il était par tradition insondable, et même à des fins pratiques, insondable. Tout projectile sportif envoyé dans ce ballon peut être littéralement compté comme une balle perdue. Mais ils s'y promenaient souvent pendant leurs intermèdes en discutant et en fumant des cigarettes, et l'un d'eux venait juste de descendre du club-house pour en trouver un autre qui regardait le puits d'un air quelque peu maussade.

Les deux Anglais portaient des vêtements légers, des casques coloniaux et des puggrees blancs , mais là, pour la plupart, leur ressemblance s'arrêtait. Et ils prononcèrent tous les deux presque simultanément le même mot, mais ils le prononcèrent sur deux notes de voix totalement différentes.

"As-tu entendu les informations?" » a demandé l'homme du club. "Splendide."

"Splendide", répondit l'homme près du puits. Mais le premier prononçait le mot comme un jeune homme le dirait à propos d'une femme, et le second comme un vieil homme le ferait à propos du temps, non sans sincérité, mais certainement sans ferveur.

Et en cela le ton des deux hommes était suffisamment typique d'eux. Le premier, qui était un certain capitaine Boyle, était d'un type audacieux et enfantin, brun, et avec une sorte de chaleur native sur le visage qui n'appartenait pas à l'atmosphère de l'Orient, mais plutôt aux ardeurs et aux ambitions de l'Orient. Ouest. L'autre était un homme plus âgé et certainement un résident plus âgé, un fonctionnaire civil – Horne Fisher ; et ses paupières tombantes et sa légère moustache tombante exprimaient tout le paradoxe de l'Anglais de l'Est. Il avait bien trop chaud pour être autre chose que cool.

Ni l'un ni l'autre n'ont jugé nécessaire de mentionner ce qui était splendide. Cela aurait en effet été une conversation superflue sur quelque chose que tout le monde savait. La victoire éclatante sur une combinaison menaçante de Turcs et d'Arabes dans le nord, remportée par les troupes sous le commandement de Lord Hastings, le vétéran de tant de victoires éclatantes, était déjà répandue dans les journaux de tout l'Empire, sans parler de cette petite garnison. si proche du champ de bataille.

« Aucune autre nation au monde n'aurait pu faire une chose pareille », s'écria avec insistance le capitaine Boyle.

Horne Fisher regardait toujours silencieusement le puits ; un instant plus tard, il répondit : « Nous avons certainement l'art de ne pas commettre d'erreurs. C'est là que les pauvres vieux Prussiens se sont trompés. Ils ne pouvaient que commettre des erreurs et s'y tenir. Il y a vraiment un certain talent à réparer une erreur.

"Que voulez-vous dire", a demandé Boyle, "quelles erreurs ?"

"Eh bien, tout le monde sait que c'était comme si il avait les yeux plus gros que le ventre", a répondu Horne Fisher. C'était une particularité de M. Fisher qu'il disait toujours que tout le monde savait des choses dont environ une personne sur deux millions était autorisée à entendre parler. « Et c'était certainement une grande chance que Travers soit arrivé si bien à temps. C'est étrange combien de fois le commandant en second a fait ce qu'il fallait pour nous, même lorsqu'un grand homme était le premier aux commandes. Comme Colborne à Waterloo.

« Cela devrait ajouter une province entière à l'Empire », observa l'autre.

"Eh bien, je suppose que les Zimmernes auraient insisté jusqu'au canal", observa pensivement Fisher, "même si tout le monde sait que l'ajout de provinces ne rapporte pas toujours beaucoup de nos jours."

Le Capitaine Boyle fronça les sourcils, légèrement perplexe. Conscient de n'avoir jamais entendu parler des Zimmernes de sa vie, il ne pouvait que dire, d'un ton posé :

"Eh bien, on ne peut pas être un petit Anglais."

Horne Fisher sourit, et il eut un sourire agréable.

« Chaque homme ici est un Little Englander », a-t-il déclaré. "Il aimerait être de retour dans la Petite Angleterre."

« Je ne sais pas de quoi vous parlez, j'en ai bien peur », dit le plus jeune homme, plutôt méfiant. "On pourrait penser que tu n'admires pas vraiment Hastings ou… ou quoi que ce soit."

"Je l'admire sans fin", a répondu Fisher. « Il est de loin le meilleur homme pour ce poste ; il comprend les musulmans et peut tout faire avec eux. C'est pourquoi je suis tout à fait opposé à pousser Travers contre lui, simplement à cause de cette dernière affaire.

"Je ne comprends vraiment pas où vous voulez en venir", dit franchement l'autre.

« Peut-être que cela ne vaut pas la peine d'être compris », répondit Fisher avec légèreté, « et de toute façon, nous n'avons pas besoin de parler de politique. Connaissez-vous bien la légende arabe à ce sujet ?

« Je crains de ne pas connaître grand-chose des légendes arabes », dit Boyle avec raideur.

"C'est plutôt une erreur", répondit Fisher, "surtout de votre point de vue. Lord Hastings lui-même est une légende arabe. C'est peut-être la chose la plus grande qu'il soit. Si sa réputation s'effondrait, cela nous affaiblirait partout en Asie et en Afrique. Eh bien, l'histoire de ce trou dans le sol, qui descend on ne sait où, m'a plutôt toujours fasciné. C'est mahométan dans sa forme maintenant, mais je ne devrais pas me demander si le conte est bien plus ancien que Mahomet. Il s'agit de quelqu'un qu'ils appellent le Sultan Aladdin, pas notre ami de la lampe, bien sûr, mais plutôt comme lui en ce qui concerne les génies, les géants ou quelque chose de ce genre. On dit qu'il ordonna aux géants de lui construire une sorte de pagode, s'élevant de plus en plus haut au-dessus de toutes les étoiles. Le Tout-Puissant pour le Très-Haut, comme disait le peuple lorsqu'il construisit la Tour de Babel. Mais les constructeurs de la Tour de Babel étaient des gens plutôt modestes et domestiques, comme des souris, comparés au vieil Aladdin. Ils voulaient seulement une tour qui atteindrait le ciel — une simple bagatelle. Il voulait une tour qui dépasserait le ciel, s'élèverait au-dessus et continuerait à s'élever pour toujours. Et Allah le jeta sur terre avec un coup de foudre qui s'enfonça dans la terre, creusant un trou de plus en plus profond, jusqu'à former un puits sans fond comme la tour devait être sans sommet. Et au bas de cette tour inversée des ténèbres, l'âme du fier sultan tombe pour toujours et à jamais.

« Quel drôle de type vous êtes », dit Boyle. "Vous parlez comme si quelqu'un pouvait croire à ces fables."

"Peut-être que je crois à la morale et non à la fable", répondit Fisher. «Mais voici Lady Hastings. Vous la connaissez, je pense.

Le club-house sur les parcours de golf était bien sûr utilisé à de nombreuses autres fins que celle du golf. C'était le seul centre social de la garnison à côté du quartier général strictement militaire ; il y avait une salle de billard et un bar, et même une excellente bibliothèque de référence pour les officiers assez pervers pour prendre leur métier au sérieux. Parmi eux se trouvait le grand général lui-même, dont la tête d'argent et la face de bronze, semblable à celle d'un aigle d'airain, se retrouvaient souvent penchées sur les cartes et les feuillets de la bibliothèque. Le grand Lord Hastings croyait à la science et à l'étude, ainsi qu'à d'autres idéaux sévères de la vie, et avait donné sur ce point de nombreux conseils paternels au jeune Boyle, dont les apparitions dans ce lieu de recherche étaient plutôt intermittentes. C'est d'une de ces bribes d'études que le jeune homme venait de sortir par les portes vitrées de la bibliothèque et de se diriger vers le terrain de golf. Mais, par-dessus tout, le club était conçu de manière à servir au moins autant les commodités sociales des dames que celles des messieurs, et Lady Hastings était capable de jouer la reine dans une telle société presque autant que dans sa propre salle de bal. Elle était éminemment calculée et, comme certains le disaient, éminemment encline à jouer un tel rôle. Elle était beaucoup plus jeune que son mari, une femme attirante et parfois dangereusement attirante ; et M. Horne Fisher la suivit d'un ton un peu sardonique tandis qu'elle s'éloignait avec le jeune soldat. Puis son regard plutôt morne s'égara vers les excroissances vertes et épineuses autour du puits, excroissances de cette curieuse formation de cactus dans laquelle une feuille épaisse pousse directement à partir de l'autre, sans tige ni brindille. Cela donnait à son esprit fantaisiste le sinistre sentiment d'une croissance aveugle, sans forme ni but. En Occident, une fleur ou un arbuste pousse jusqu'à atteindre la fleur qui constitue sa couronne et est content. Mais c'était comme si des mains pouvaient sortir des mains ou des jambes pousser des jambes dans un cauchemar. "C'est toujours ajouter une province à l'Empire", dit-il avec un sourire, puis il ajouta, plus tristement, "mais je doute d'avoir raison, après tout !"

Une voix forte mais cordiale intervint dans ses méditations et il leva les yeux et sourit, voyant le visage d'un vieil ami. La voix était, en effet, un peu plus aimable que le visage, qui, au premier coup d'œil, était décidément sombre. C'était un visage typiquement légal, avec des mâchoires anguleuses et des sourcils épais et grisonnants ; et cela avait un caractère éminemment légal, bien qu'il soit maintenant attaché à titre semi-militaire à la police de ce district sauvage. Cuthbert Grayne était peut-être plus un criminologue qu'un avocat ou un policier, mais dans son environnement plus barbare, il avait réussi à devenir une combinaison pratique des trois. La découverte de toute une série d'étranges crimes orientaux était à son honneur. Mais comme peu de gens connaissaient ou étaient attirés par un tel passe-temps ou une telle branche du savoir, sa vie intellectuelle était quelque peu solitaire. Parmi les rares exceptions, il y avait Horne Fisher, qui avait une curieuse capacité à parler de presque tout à presque tout le monde.

« Étudier la botanique, ou est-ce l'archéologie ? » demanda Grayne . « Je n'en viendrai jamais à bout de vos intérêts, Fisher. Je dois dire que ce que vous ne savez pas ne vaut pas la peine d'être connu.

"Vous avez tort", répondit Fisher avec une brusquerie très inhabituelle et même une amertume. « C'est ce que je sais qui ne vaut pas la peine d'être connu. Tous les côtés sordides des choses, toutes les raisons secrètes, les motivations pourries, les pots-de-vin et le chantage, qu'ils appellent politique. Je n'ai pas besoin d'être si fier d'avoir parcouru tous ces égouts pour m'en vanter auprès des petits garçons de la rue.

"Que veux-tu dire? Quel est ton problème?" demanda son ami. "Je ne savais pas que tu étais pris comme ça auparavant."

"J'ai honte de moi", a répondu Fisher. "Je viens de jeter de l'eau froide sur les enthousiasmes d'un garçon."

"Même cette explication n'est guère exhaustive", a observé l'expert pénal.

« Ces foutus enthousiasmes étaient évidemment des bêtises de journaux, poursuivit Fisher, mais je dois savoir qu'à cet âge, les illusions peuvent être des idéaux. Et de toute façon, ils sont meilleurs que la réalité. Mais il y a une très vilaine responsabilité à assumer que de sortir un jeune homme de l'ornière de l' idéal le plus pourri . »

"Et qu'est-ce que ça peut être ?" demanda son ami.

"Il est très probable que cela le fasse partir avec la même énergie dans une direction bien pire", répondit Fisher ; "une sorte de direction sans fin, un gouffre sans fond aussi profond qu'un puits sans fond."

Fisher n'a revu son ami que quinze jours plus tard, lorsqu'il s'est retrouvé dans le jardin à l'arrière du club-house, de l'autre côté des links, un jardin très coloré et parfumé de douces plantes semi-tropicales à la lueur d'un coucher de soleil dans le désert. Deux autres hommes étaient avec lui, le troisième étant le désormais célèbre commandant en second, connu de tous sous le nom de Tom Travers, un homme mince et brun, qui paraissait plus âgé que son âge, avec un sillon au front et quelque chose de morose dans sa forme même. de sa moustache noire. Ils venaient de se faire servir du café noir par l'Arabe qui officiait désormais comme serviteur temporaire du club, alors qu'il était une figure déjà familière, et même célèbre, en tant qu'ancien serviteur du général. Il s'appelait Said et se distinguait parmi les autres Sémites par cette longueur anormale de son visage jaune et la hauteur de son front étroit qu'on voit parfois chez eux, et qui donnait une impression irrationnelle de quelque chose de sinistre, malgré son agréable sourire. .

"Je n'ai jamais eu l'impression de pouvoir vraiment faire confiance à cet homme", a déclaré Grayne , une fois l'homme parti. « C'est très injuste, je suppose, car il était certainement dévoué à Hastings et lui a sauvé la vie, disent-ils. Mais les Arabes sont souvent ainsi, fidèles à un seul homme. Je ne peux m'empêcher de penser qu'il pourrait égorger quelqu'un d'autre, et même le faire de manière perfide.

"Eh bien," dit Travers avec un sourire plutôt amer, "tant qu'il laisse Hastings tranquille, le monde ne s'en souciera pas beaucoup."

Il y eut un silence plutôt embarrassant, plein de souvenirs de la grande bataille, puis Horne Fisher dit doucement :

« Les journaux ne sont pas le monde, Tom. Ne vous inquiétez pas pour eux. Tout le monde dans votre monde connaît assez bien la vérité.

"Je pense que nous ferions mieux de ne pas parler du général pour l'instant", remarqua Grayne , "car il vient tout juste de sortir du club."

"Il ne vient pas ici", a déclaré Fisher. "Il accompagne seulement sa femme dans la voiture."

Pendant qu'il parlait, en effet, la dame sortit sur les marches du club, suivie de son mari, qui se précipita alors devant elle pour ouvrir la grille du jardin. Ce faisant, elle se retourna et parla un instant à un homme solitaire toujours assis dans un fauteuil en rotin à l'ombre de la porte, le seul homme restant dans le club désert à l'exception des trois qui s'attardaient dans le jardin. Fisher regarda un instant dans l'ombre et vit que c'était le capitaine Boyle.

L'instant d'après, à leur grande surprise, le général reparut et, remontant les marches, dit à son tour quelques mots à Boyle. Puis il fit signe à Saïd, qui accourut avec deux tasses de café, et les deux hommes rentrèrent dans le club, chacun portant sa tasse à la main. L'instant d'après, une lueur blanche dans l'obscurité grandissante montra que les lampes électriques avaient été allumées dans la bibliothèque située au-delà.

"Le café et les recherches scientifiques", dit Travers d'un ton sombre. « Tout le luxe de l'apprentissage et de la recherche théorique. Eh bien, je dois y aller, car j'ai aussi mon travail à faire. Et il se releva un peu raide, salua ses compagnons et s'éloigna à grands pas dans le crépuscule.

"J'espère seulement que Boyle s'en tient aux recherches scientifiques", a déclaré Horne Fisher. « Je ne suis pas très à l'aise avec lui moi-même. Mais parlons d'autre chose.

Ils parlèrent d'autre chose plus longtemps qu'ils ne l'imaginaient probablement, jusqu'à ce que la nuit tropicale soit venue et qu'une splendide lune peint toute la scène d'argent ; mais avant qu'il ne fasse assez clair pour le voir, Fisher avait déjà remarqué que les lumières de la bibliothèque s'étaient brusquement éteintes. Il attendit que les deux hommes sortent par l'entrée du jardin, mais personne ne vint.

«Ils ont dû se promener sur les liens», dit-il.

"Très probablement", répondit Grayne . "Ça va être une belle nuit."

Un instant ou deux après avoir parlé, ils entendirent une voix les appelant hors de l'ombre du club-house, et furent étonnés d'apercevoir Travers se précipiter vers eux, criant en arrivant :

«J'aurai besoin de votre aide, mes amis», s'écria-t-il. "Il y a quelque chose d'assez mauvais sur les liens."

Ils se retrouvèrent plongés dans le fumoir du club et dans la bibliothèque au-delà, dans une obscurité totale, mentale aussi bien que matérielle. Mais Horne Fisher, malgré son affectation d'indifférence, était un homme d'une sensibilité curieuse et presque transcendantale aux atmosphères, et il sentait déjà la présence de quelque chose de plus qu'un accident. Il entra en collision avec un meuble dans la bibliothèque et frissonna presque sous le choc, car la chose bougeait comme il n'aurait jamais imaginé qu'un meuble bouge. Il semblait bouger comme un être vivant, cédant et pourtant ripostant. L'instant d'après , Grayne avait allumé la lumière et il s'était rendu compte qu'il avait seulement trébuché contre l'un des pupitres tournants qui s'était retourné et l'avait heurté ; mais son recul involontaire lui avait révélé son propre sentiment subconscient de quelque chose de mystérieux et de monstrueux. Il y avait plusieurs de ces bibliothèques tournantes çà et là dans la bibliothèque ; sur l'une d'elles se trouvaient les deux tasses de café, et sur l'autre un grand livre ouvert. C'était le livre de Budge sur les hiéroglyphes égyptiens, avec des planches colorées d'oiseaux et de dieux étranges, et alors même qu'il se précipitait devant lui, il était conscient de quelque chose d'étrange dans le fait que ceci, et non n'importe quel ouvrage de science militaire, devait être ouvert à cet endroit. à ce moment là. Il était même conscient de l'espace dans la bibliothèque bien garnie d'où il avait été extrait, et celle-ci semblait presque lui ouvrir les yeux d'une façon laide, comme une brèche dans les dents d'un visage sinistre.

Une course les conduisit en quelques minutes de l'autre côté du terrain, devant le puits sans fond, et à quelques mètres de là, dans un clair de lune presque aussi large que le jour, ils virent ce qu'ils étaient venus voir.

Le grand Lord Hastings gisait sur le ventre, dans une posture dans laquelle il y avait une touche de quelque chose d'étrange et de raideur, avec un coude dressé au-dessus de son corps, le bras étant doublé, et sa grande main osseuse serrant le rang et l'herbe déchiquetée. . À quelques mètres de là se trouvait Boyle, presque aussi immobile, mais appuyé sur ses mains et ses genoux et regardant le corps. Ce n'était peut-être qu'un choc et un accident ; mais il y avait quelque chose de disgracieux et d'anormal dans la posture quadrupède et le visage béant. C'était comme si sa raison lui avait fui. Derrière, il n'y avait que le ciel bleu clair du sud et le début du désert, à l'exception des deux grosses pierres brisées devant le puits. Et c'était dans une telle lumière et une telle atmosphère que les hommes pouvaient croire qu'ils traçaient en eux des visages énormes et méchants, regardant vers le bas.

Horne Fisher se baissa et toucha la main forte qui tenait toujours l'herbe, et elle était aussi froide qu'une pierre. Il s'agenouilla près du corps et fut occupé pendant un moment à appliquer d'autres tests ; puis il se releva et dit avec une sorte de désespoir confiant :

"Lord Hastings est mort."

Il y eut un silence de pierre, puis Travers remarqua d'un ton bourru : « C'est votre département, Grayne ; Je vous laisse interroger le capitaine Boyle. Je n'arrive pas à comprendre ce qu'il dit.

Boyle s'était ressaisi et s'était levé, mais son visage arborait toujours une expression horrible, le faisant ressembler à un nouveau masque ou au visage d'un autre homme.

« Je regardais le puits, dit-il, et quand je me suis retourné, il était tombé. »

de Grayne était très sombre. "Comme vous le dites, c'est mon affaire", a-t-il déclaré. "Je dois d'abord vous demander de m'aider à le porter jusqu'à la bibliothèque et de me laisser examiner les choses en profondeur."

Lorsqu'ils eurent déposé le corps dans la bibliothèque, Grayne se tourna vers Fisher et dit, d'une voix qui avait retrouvé sa plénitude et sa confiance : « Je vais m'enfermer et faire d'abord un examen approfondi. Je compte sur vous pour rester en contact avec les autres et procéder à un examen préliminaire de Boyle. Je lui parlerai plus tard. Et téléphonez simplement au quartier général pour demander un policier, et laissez-le venir ici immédiatement et attendre jusqu'à ce que j'en ai besoin.

Sans plus de mots, le grand enquêteur criminel entra dans la bibliothèque éclairée, fermant la porte derrière lui, et Fisher, sans répondre, se tourna et commença à parler doucement à Travers. « Il est curieux, dit-il, que cela se passe juste devant cet endroit. »

"Il serait certainement très curieux," répondit Travers, "si le lieu y jouait un rôle."

"Je pense", répondit Fisher, "que le rôle qu'il n'a pas joué est encore plus curieux."

Et avec ces mots apparemment dénués de sens, il se tourna vers Boyle secoué et, lui prenant le bras, commença à le promener de long en large au clair de lune, en parlant à voix basse.

L'aube avait commencé à poindre brusquement et blanche lorsque Cuthbert Grayne éteignit les lumières de la bibliothèque et se dirigea vers les liens. Fisher se prélassait seul, avec son apathie ; mais le messager de la police qu'il avait envoyé chercher se tenait au garde-à-vous dans le fond.

«J'ai envoyé Boyle avec Travers», observa négligemment Fisher; "Il s'occupera de lui, et de toute façon, il ferait mieux de dormir un peu."

« As-tu retiré quelque chose de lui ? demanda Grayne . « Vous a-t-il dit ce que lui et Hastings faisaient ?

« Oui », répondit Fisher, « après tout, il m'a donné un récit assez clair. Il a déclaré qu'après le départ de Lady Hastings en voiture, le général lui avait demandé de prendre un café avec lui à la bibliothèque et de se renseigner sur les antiquités locales. Lui-même commençait à chercher le livre de Budge dans l'un des pupitres tournants lorsque le général le trouva dans l'une des étagères murales. Après avoir examiné quelques plaques, ils sortirent, semble-t-il, assez brusquement, vers les maillons et se dirigèrent vers le vieux puits ; et pendant que Boyle y regardait, il entendit un bruit sourd derrière lui et se retourna pour trouver le général allongé comme nous l'avions trouvé. Lui-même se mit à genoux pour examiner le corps, puis fut paralysé par une sorte de terreur et ne put s'en approcher ni le toucher. Mais j'y pense très peu ; les gens pris dans un véritable choc de surprise se retrouvent parfois dans les postures les plus bizarres.

Grayne arborait un sombre sourire d'attention et dit, après un court silence :

« Eh bien, il ne vous a pas dit beaucoup de mensonges. Il s'agit vraiment d'un récit clair et cohérent de ce qui s'est passé, sans tout ce qui est important. »

"Avez-vous découvert quelque chose là-dedans?" » demanda Fisher.

«J'ai tout découvert», répondit Grayne .

Fisher garda un silence quelque peu sombre, tandis que l'autre reprenait son explication sur un ton calme et assuré.

« Vous aviez tout à fait raison, Fisher, lorsque vous disiez que ce jeune homme risquait de s'engager dans des chemins sombres vers la fosse. Que le choc que vous avez donné à sa vision du général y soit ou non pour quelque chose, comme vous l'imaginiez, il ne traite pas bien le général depuis un certain temps. C'est une affaire désagréable, et je ne veux pas m'y attarder ; mais il est évident que sa femme non plus ne le traitait pas bien. Je ne sais pas jusqu'où cela est allé, mais de toute façon, cela est allé jusqu'à la dissimulation ; car lorsque Lady Hastings parla à Boyle, c'était pour lui dire qu'elle avait caché une note dans le livre Budge de la bibliothèque. Le général a entendu, ou est parvenu à le savoir, et il est allé directement au livre et l'a trouvé. Il a confronté Boyle avec cela, et ils ont eu une scène, bien sûr. Et Boyle était confronté à autre chose ; il était confronté à une terrible alternative, dans laquelle la vie d'un vieil homme signifiait la ruine et sa mort signifiait le triomphe et même le bonheur.

« Eh bien, observa enfin Fisher, je ne lui reproche pas de ne pas vous avoir raconté la part de la femme dans l'histoire. Mais comment savez-vous pour cette lettre ?

«Je l'ai trouvé sur le corps du général», répondit Grayne , «mais j'ai trouvé des choses pires que cela. Le corps s'était raidi d'une manière assez particulière aux poisons d'une certaine sorte asiatique. Ensuite, j'ai examiné les tasses à café et je connaissais suffisamment la chimie pour trouver du poison dans la lie de l'une d'elles. Maintenant, le Général se dirigea directement vers la bibliothèque, laissant sa tasse de café sur le pupitre au milieu de la pièce. Alors qu'il avait le dos tourné et que Boyle faisait semblant d'examiner le pupitre, il resta seul avec la tasse de café. Le poison met environ dix minutes à agir, et dix minutes de marche les amèneraient au puits sans fond.

"Oui", remarqua Fisher, "et qu'en est-il du puits sans fond ?"

"Qu'est-ce que le puits sans fond a à voir avec ça ?" demanda son ami.

"Cela n'a rien à voir avec ça", a répondu Fisher. "C'est ce que je trouve complètement déroutant et incroyable."

"Et pourquoi ce trou particulier dans le sol devrait-il avoir quelque chose à voir avec ça ?"

"C'est une lacune particulière dans votre cas", a déclaré Fisher. « Mais je n'insisterai pas là-dessus pour le moment. À propos, il y a autre chose que je devrais vous dire. J'ai dit que j'avais renvoyé Boyle en charge de Travers. Il serait tout aussi vrai de dire que j'ai envoyé Travers à la tête de Boyle.

« Vous ne voulez pas dire que vous soupçonnez Tom Travers ? s'écria l'autre.

« Il était bien plus amer envers le général que Boyle ne l'a jamais été », observa Horne Fisher avec une curieuse indifférence.

"Mec, tu ne dis pas ce que tu veux dire", s'écria Grayne . "Je vous dis que j'ai trouvé le poison dans l'une des tasses à café."

« Il y a toujours eu Saïd, bien sûr », a ajouté Fisher, « soit par haine, soit par embauche. Nous étions d'accord qu'il était capable de presque tout.

"Et nous avons convenu qu'il était incapable de blesser son maître", rétorqua Grayne .

« Eh bien, eh bien, » dit Fisher aimablement, « j'ose dire que vous avez raison ; mais je voudrais juste jeter un œil à la bibliothèque et aux tasses à café.

Il passa à l'intérieur, tandis que Grayne se tournait vers le policier présent et lui tendait une note griffonnée, à télégraphier depuis le quartier général. L'homme salua et s'en alla précipitamment ; et Grayne , suivant son ami dans la bibliothèque, le trouva à côté du pupitre au milieu de la pièce, sur lequel se trouvaient les tasses vides.

"C'est ici que Boyle cherchait Budge, ou faisait semblant de le chercher, selon votre récit", a-t-il déclaré.

Pendant que Fisher parlait, il se penchait, à demi accroupi, pour examiner les volumes posés sur l'étagère basse et tournante, car l'ensemble du livre n'était pas beaucoup plus haut qu'une table ordinaire. L'instant d'après, il se releva comme s'il avait été piqué.

"Oh mon Dieu!" il pleure.

Très peu de gens, voire aucun, avaient jamais vu M. Horne Fisher se comporter comme il se comportait à ce moment-là. Il jeta un coup d'œil vers la porte, vit que la fenêtre ouverte était plus proche, en sortit d'un bond, comme par-dessus une haie, et partit en courant sur le gazon, à la suite du policier qui disparaissait. Grayne , qui le regardait fixement, vit bientôt sa grande silhouette lâche revenir, retrouvée dans toute sa mollesse normale et son air de loisir. Il s'éventait lentement avec un morceau de papier, le télégramme qu'il avait si violemment intercepté.

« Heureusement que j'ai arrêté ça », observa-t-il. « Nous devons garder cette affaire aussi silencieuse que la mort. Hastings doit mourir d'apoplexie ou d'une maladie cardiaque.

« Qu'est-ce qui se passe donc ? » » demanda l'autre enquêteur.

« Le problème, dit Fisher, c'est que dans quelques jours nous aurions eu une alternative très agréable : pendre un innocent ou jeter l'Empire britannique en enfer. »

«Voulez-vous dire», demanda Grayne , «que ce crime infernal ne doit pas être puni?»

Fisher le regarda fixement.

"C'est déjà puni", a-t-il déclaré.

Après un moment de pause, il reprit son chemin. « Vous avez reconstitué le crime avec une habileté admirable, mon vieux, et presque tout ce que vous avez dit était vrai. Deux hommes avec deux tasses de café sont entrés dans la bibliothèque et ont posé leurs tasses sur le pupitre et sont allés ensemble au puits, et l'un d'eux était un meurtrier et avait mis du poison dans la tasse de l'autre. Mais cela ne fut pas fait pendant que Boyle regardait la bibliothèque tournante. Il l'a cependant regardé, cherchant le livre de Budge contenant la note, mais j'imagine qu'Hastings l'avait déjà déplacé sur les étagères du mur. Cela faisait partie de ce jeu sinistre qu'il devait le trouver en premier.

« Maintenant, comment un homme fouille-t-il une bibliothèque tournante ? Il ne saute généralement pas tout autour en position accroupie, comme une grenouille. Il lui donne simplement une touche et le fait tourner.

Il fronçait les sourcils tandis qu'il parlait, et il y avait une lumière sous ses lourdes paupières qu'on ne voyait pas souvent là-bas. Le mysticisme profondément enfoui sous tout le cynisme de son expérience était éveillé et en mouvement dans les profondeurs. Sa voix prenait des tournures et des inflexions inattendues, presque comme si deux hommes parlaient.

« C'est ce que Boyle a fait ; il toucha à peine la chose, et elle tourna aussi facilement que le monde tourne. Oui, comme le monde tourne, car la main qui le tournait n'était pas la sienne. Dieu, qui fait tourner la roue de toutes les étoiles, a touché cette roue et a bouclé la boucle, afin que sa terrible justice puisse revenir.

"Je commence", dit lentement Grayne , "à avoir une idée floue et horrible de ce que vous voulez dire."

"C'est très simple", a déclaré Fisher, "lorsque Boyle s'est redressé de sa position penchée, quelque chose s'est produit qu'il n'avait pas remarqué, que son ennemi n'avait pas remarqué, que personne n'avait remarqué. Les deux tasses à café avaient exactement changé de place.

La paroi rocheuse de Grayne semblait avoir subi un choc en silence ; pas une ligne n'en fut modifiée, mais sa voix, lorsqu'elle fut prononcée, fut étonnamment affaiblie.

« Je vois ce que vous voulez dire, dit-il, et, comme vous le dites, moins on en parle, mieux c'est. Ce n'était pas l'amant qui essayait de se débarrasser du mari, mais... autre chose. Et une histoire comme celle-là sur un homme comme celui-là nous ruinerait ici. L'aviez-vous deviné au début ?

« Le puits sans fond, comme je vous l'ai dit », répondit tranquillement Fisher ; « C'est ce qui m'a dérouté dès le début. Pas parce que ça avait quelque chose à voir avec ça, parce que ça n'avait rien à voir avec ça.

Il s'arrêta un instant, comme s'il choisissait une approche, puis reprit : « Quand un homme sait que son ennemi sera mort dans dix minutes et l'emmène au bord d'un gouffre insondable, il a l'intention d'y jeter son corps. Que devrait-il faire d'autre ? Un imbécile-né aurait le bon sens de le faire, et Boyle n'est pas un imbécile-né. Eh bien, pourquoi Boyle ne l'a-t-il pas fait ? Plus j'y pensais, plus je soupçonnais qu'il y avait une erreur dans le meurtre, pour ainsi dire. Quelqu'un avait emmené quelqu'un là-bas pour le jeter, et pourtant il n'a pas été jeté. J'avais déjà une idée laide et informe d'une substitution ou d'un renversement de parties ; puis je me suis penché pour tourner moi-même le pupitre, par accident, et j'ai tout su tout de suite, car j'ai vu les deux coupes tourner une fois de plus, comme des lunes dans le ciel.

Après une pause, Cuthbert Grayne a demandé : « Et que devons-nous dire aux journaux ?

"Mon ami Harold March vient du Caire aujourd'hui", a déclaré Fisher. «C'est un journaliste très brillant et à succès. Mais malgré tout, c'est un homme tout à fait honorable, vous ne devez donc pas lui dire la vérité.

promenait de nouveau devant le club-house, avec le capitaine Boyle, ce dernier à ce moment-là avec un air très secoué et déconcerté ; peut-être un homme plus triste et plus sage.

« Et moi, alors ? » il disait. « Suis-je innocenté ? Est-ce que je ne vais pas être innocenté ?

« Je crois et j'espère, » répondit Fisher, « que vous ne serez pas soupçonné. Mais vous ne serez certainement pas innocenté. Il ne doit y avoir aucun soupçon contre lui, et donc aucun soupçon contre vous. Tout soupçon contre lui, et encore moins une telle histoire contre lui, nous transporterait de Malte à Mandalay. Il était à la fois un héros et une sainte terreur parmi les musulmans. En fait, on pourrait presque le qualifier de héros musulman au service anglais. Bien sûr, il s'entendait bien avec eux en partie grâce à sa petite dose de sang oriental ; il l'a tenu de sa mère, la danseuse de Damas ; tout le monde le sait."

"Oh," répéta Boyle machinalement en le regardant avec des yeux ronds, "tout le monde le sait."

"J'ose dire qu'il y avait une touche de cela dans sa jalousie et sa vengeance féroce", a poursuivi Fisher. « Mais pour autant, ce crime nous ruinerait parmi les Arabes, d'autant plus qu'il s'agissait d'une sorte de crime contre l'hospitalité. Cela a été odieux pour toi et c'est plutôt horrible pour moi. Mais il y a certaines choses qui ne peuvent vraiment pas être faites, et tant que je suis en vie, c'en est une.

"Que veux-tu dire?" » demanda Boyle en le regardant avec curiosité. « Pourquoi devriez-vous, entre autres, être si passionné par ce sujet ? »

Horne Fisher regarda le jeune homme avec une expression déconcertante.

"Je suppose", a-t-il dit, "c'est parce que je suis un petit Anglais."

"Je n'arrive jamais à comprendre ce que vous entendez par ce genre de chose", répondit Boyle d'un air dubitatif.

« Pensez-vous que l'Angleterre soit si petite que cela ? » dit Fisher, avec une chaleur dans sa voix froide, « qu'il ne peut pas retenir un homme sur quelques milliers de kilomètres. Vous m'avez sermonné avec beaucoup de patriotisme idéal, mon jeune ami ; mais c'est du patriotisme pratique maintenant pour vous et moi, et sans aucun mensonge pour l'aider. Vous avez parlé comme si tout se passait toujours bien pour nous partout dans le monde, dans un crescendo triomphant culminant à Hastings. Je vous le dis, tout va mal chez nous ici, sauf Hastings. C'était le seul nom qu'il nous restait à évoquer, et cela ne devait pas se passer aussi bien, non, par Dieu ! C'est déjà assez grave qu'une bande de Juifs infernaux nous implante ici, là où il n'y a aucun intérêt terrestre anglais à servir, et qu'ils se battent contre nous, simplement parce que Nosy Zimmern a prêté de l'argent à la moitié du Cabinet. C'est déjà assez dommage qu'un vieux prêteur sur gages de Bagdad nous fasse livrer ses batailles ; nous ne pouvons pas nous battre avec la main droite coupée. Notre seul score était Hastings et sa victoire, qui était en réalité la victoire de quelqu'un d'autre. Tom Travers doit souffrir, et vous aussi.

Puis, après un moment de silence, il montra le puits sans fond et dit d'un ton plus calme :

« Je vous ai dit que je ne croyais pas à la philosophie de la Tour d'Aladdin. Je ne crois pas à la croissance de l'Empire jusqu'à ce qu'il atteigne le ciel ; Je ne crois pas à l'Union Jack qui monte éternellement comme la Tour. Mais si vous pensez que je vais laisser l' Union Jack descendre et descendre éternellement, comme un puits sans fond, dans l'obscurité du gouffre sans fond, dans la défaite et la dérision, au milieu des railleries des Juifs mêmes qui nous ont sucés à sec — non, je ne le ferai pas, et c'est plat ; pas si le chancelier était soumis au chantage de vingt millionnaires avec leurs haillons de gouttière, pas si le premier ministre épousait vingt juives yankees, pas si Woodville et Carstairs détenaient des parts dans vingt mines frauduleuses. Si la chose chancelle vraiment, que Dieu l'aide, ce n'est pas nous qui la renverserons.

Boyle le regardait avec une perplexité qui ressemblait presque à de la peur, avec même une touche de dégoût.

" D'une manière ou d'une autre, " dit-il, " il semble y avoir quelque chose d'assez horrible dans les choses que vous savez. "

"Il y en a", a répondu Horne Fisher. « Je ne suis pas du tout satisfait de mon petit stock de connaissances et de réflexion. Mais comme c'est en partie responsable de votre absence de pendaison, je ne sais pas si vous avez besoin de vous en plaindre.

Et, comme s'il avait un peu honte de sa première vantardise, il se retourna et s'éloigna vers le puits sans fond.

V. L'ENVIE DU PÊCHEUR

Une chose peut parfois être trop extraordinaire pour qu'on s'en souvienne. S'il est en dehors du cours des choses et n'a apparemment aucune cause ni aucune conséquence, les événements ultérieurs ne le rappellent pas, et il ne reste qu'une chose subconsciente, qui sera agitée par quelque accident longtemps après. Il s'éloigne comme un rêve oublié ; et c'était à l'heure de nombreux rêves, à l'aube et très peu de temps après la tombée de la nuit, qu'un spectacle si étrange fut donné à un homme descendant un bateau en bateau sur une rivière dans l'ouest du pays. L'homme était réveillé ; en effet, il se considérait plutôt éveillé, étant le journaliste politique Harold March, en route pour interviewer diverses célébrités politiques dans leur pays. Mais la chose qu'il a vue était si insignifiante qu'elle aurait pu être imaginaire. Cela lui a simplement échappé à l'esprit et s'est perdu dans des événements ultérieurs et complètement différents ; il n'a même pas retrouvé le souvenir avant d'en avoir découvert la signification longtemps après.

Les brumes pâles du matin recouvraient les champs et les joncs le long d'une rive de la rivière ; de l'autre côté s'étendait un mur de briques fauves surplombant presque l'eau. Il avait embarqué ses rames et dérivait un moment avec le courant, lorsqu'il tourna la tête et vit que la monotonie du long mur de briques était rompue par un pont ; plutôt une élégante sorte de pont du XVIIIe siècle avec de petites colonnes de pierre blanche virant au gris. Il y avait eu des inondations et la rivière était toujours très haute, avec des arbres nains jusqu'à la taille, et un arc assez étroit d'aube blanche brillait sous la courbe du pont.

arche sombre, il vit un autre bateau venir vers lui, dirigé par un homme aussi solitaire que lui. Sa posture empêchait de le voir grand-chose, mais alors qu'il approchait du pont, il se leva dans le bateau et se retourna. Mais il était déjà si près de l'entrée sombre que toute sa silhouette était noire sur la lumière du matin, et March ne pouvait rien voir de son visage sauf le bout de deux longues moustaches ou moustaches qui donnaient à la silhouette quelque chose de sinistre, comme des cornes. au mauvais endroit. Même ces détails, March n'aurait jamais remarqué ce qui s'était passé au même instant. Alors que l'homme passait sous le pont bas , il sauta dessus et s'y accrocha, les jambes pendantes, laissant le bateau s'éloigner sous lui. March a eu une vision momentanée de deux jambes noires qui donnaient des coups de pied ; puis d'une jambe noire qui donne un coup de pied ; et puis de rien, sinon le tourbillon du ruisseau et la longue perspective du mur. Mais chaque fois qu'il y repensait, longtemps après, lorsqu'il comprenait l'histoire dans laquelle il figurait, il était toujours figé dans cette forme fantastique - comme si ces jambes sauvages étaient un ornement grotesque sculpté du pont lui-même, à la manière de une gargouille. Pour le moment, il se contentait de passer, le regard fixé, en aval du ruisseau. Il ne voyait aucune silhouette volante sur le pont, elle devait donc déjà s'être enfuie ; mais il était à moitié conscient de la signification vague du fait que, parmi les arbres autour de la tête de pont, en face du mur, il aperçut un lampadaire ; et, à côté du lampadaire, le large dos bleu d'un policier inconscient.

Avant même d'atteindre le sanctuaire de son pèlerinage politique , il avait bien d'autres choses à penser que l'étrange incident du pont ; car la conduite d'un bateau par un homme solitaire n'était pas toujours facile, même sur un cours d'eau aussi solitaire. Et en effet , ce n'est que par un accident imprévu qu'il se retrouva solitaire. Le bateau avait été acheté et toute l'expédition planifiée en collaboration avec un ami, qui avait été contraint au dernier moment de modifier tous ses arrangements. Harold March devait voyager avec son ami Horne Fisher lors de ce voyage intérieur jusqu'à Willowood Place, où le premier ministre était actuellement l'invité. De plus en plus de gens entendaient parler d'Harold March, car ses articles politiques marquants lui ouvraient les portes de salons de plus en plus grands ; mais il n'avait encore jamais rencontré le Premier ministre. Presque personne dans le grand public n'avait jamais entendu parler de Horne Fisher ; mais il avait connu le Premier ministre toute sa vie. Pour ces raisons, si les deux hommes avaient entrepris le voyage projeté ensemble, March aurait pu être légèrement enclin à le hâter et Fisher se contenterait vaguement de le prolonger. Car Fisher faisait partie de ces personnes qui sont nées en connaissant le Premier ministre. Cette connaissance ne semblait pas avoir d'effet très exaltant et, dans son cas, cela ressemblait en quelque sorte à une naissance fatiguée. Mais il fut nettement ennuyé de recevoir, au moment où il préparait un petit paquet de matériel de pêche et de cigares pour le voyage, un télégramme de Willowood lui demandant de descendre immédiatement en train, car le Premier ministre devait partir ce soir-là. Fisher savait que son ami le journaliste ne pourrait pas commencer avant le lendemain, et il aimait son ami le journaliste et attendait avec impatience quelques jours sur la rivière. Il n'aimait ni ne détestait particulièrement le Premier ministre, mais il détestait profondément l'alternative de quelques heures dans le train. Néanmoins, il accepta les premiers ministres comme il accepta les trains – dans le cadre d'un système qu'il n'était pas, du moins, le révolutionnaire envoyé sur terre pour détruire. Il téléphona donc à March, lui demandant, avec de nombreux jurons d'excuse et de faibles damnations, de prendre le bateau pour descendre la rivière comme convenu, afin qu'ils puissent se retrouver à Willowood à l'heure fixée ; puis il est sorti et a hélé un taxi pour le conduire à la gare. Là, il s'arrêta devant le libraire pour ajouter à son léger bagage un certain nombre d'histoires de meurtres bon marché, qu'il lisait avec grand plaisir et sans aucun pressentiment qu'il était sur le point de se retrouver dans une histoire aussi étrange que réelle.

Un peu avant le coucher du soleil, il arriva, avec sa légère valise à la main, devant la porte des longs jardins au bord de la rivière de Willowood Place, l'un des plus petits sièges de Sir Isaac Hook, le maître de nombreux navires et de nombreux journaux. Il entra par la porte donnant sur la route, du côté opposé à la rivière, mais il y avait un mélange de qualités dans tout ce paysage aquatique qui rappelait perpétuellement au voyageur que la rivière était proche . Des lueurs blanches d'eau brillaient soudain comme des épées ou des lances dans les fourrés verts. Et même dans le jardin lui-même, divisé en cours et bordé de haies et de grands arbres, régnait partout dans l'air la musique de l'eau. Le premier des terrains verts dans lesquels il entra semblait être une pelouse de croquet quelque peu négligée, dans laquelle se trouvait un jeune homme solitaire jouant au croquet contre lui-même. Pourtant, il n'était pas un passionné du jeu, ni même du jardin ; et son visage jaunâtre mais bien dessiné paraissait plutôt maussade qu'autrement. Il n'était qu'un de ces jeunes hommes qui ne peuvent supporter le fardeau de la conscience à moins de faire quelque chose, et dont les conceptions de faire quelque chose se limitent à une sorte de jeu. Il était brun et bien habillé, à la manière des fêtes, et Fisher le reconnut immédiatement : il s'agissait d'un jeune homme nommé James Bullen, appelé, pour une raison inconnue, Bunker. Il était le neveu de Sir Isaac ; mais, ce qui était bien plus important à l'heure actuelle, il était aussi le secrétaire particulier du Premier ministre.

« Bonjour, Bunker ! » observa Horne Fisher. « Tu es le genre d'homme que je voulais voir. Votre chef est-il déjà descendu ?

"Il ne reste que pour le dîner", répondit Bullen, les yeux rivés sur la balle jaune. « Il a un grand discours demain à Birmingham et il y va directement ce soir. Il s'y conduit lui-même ; conduire la voiture, je veux dire. C'est la seule chose dont il est vraiment fier.

"Tu veux dire que tu restes ici avec ton oncle, comme un bon garçon ?" répondit Fisher. « Mais que fera le chef à Birmingham sans les épigrammes que lui murmure son brillant secrétaire ?

« Ne commencez pas à me harceler », dit le jeune homme appelé Bunker. « Je suis trop content de ne pas le suivre. Il ne connaît rien aux cartes, ni à l'argent, ni aux hôtels, ni à quoi que ce soit, et je dois danser comme un coursier. Quant à mon oncle, comme je suis censé entrer dans le domaine, c'est tout à fait convenable d'être ici parfois.

"Très bien", répondit l'autre. "Eh bien, je te verrai plus tard", et, traversant la pelouse, il s'évanouit par une brèche dans la haie.

Il traversait la pelouse en direction de l'embarcadère sur la rivière, et sentait toujours autour de lui, sous le dôme du soir doré, une saveur du Vieux Monde et une réverbération dans ce jardin hanté par la rivière . Le prochain carré de gazon qu'il traversa parut à première vue tout à fait désert, jusqu'à ce qu'il aperçut, dans le crépuscule des arbres, dans un coin, un hamac et dans le hamac un homme, lisant un journal et balançant une jambe par-dessus le bord du filet. .

Lui aussi, il l'appela par son nom, et l'homme glissa à terre et s'avança d'un pas tranquille. Il semblait fatal qu'il ressente quelque chose du passé dans les accidents de cet endroit, car le personnage aurait très bien pu être un fantôme du début de l'époque victorienne revisitant les fantômes des paniers et des maillets de croquet. C'était la silhouette d'un homme âgé avec de longues moustaches qui semblaient presque fantastiques, et une coupe de col et de cravate pittoresque et soignée. Ayant été un dandy à la mode il y a quarante ans, il avait su préserver le dandysme tout en faisant fi des modes. Un haut-de-forme blanc gisait à côté du Morning Post dans le hamac derrière lui. C'était le duc de Westmoreland, la relique d'une famille vieille de plusieurs siècles ; et l'antiquité n'était pas l'héraldique mais l'histoire. Personne ne savait mieux que Fisher à quel point ces nobles étaient rares en réalité et combien nombreux dans la fiction. Mais la question de savoir si le duc devait le respect général dont il jouissait à l'authenticité de son pedigree ou au fait qu'il possédait une grande quantité de biens très précieux était un point sur lequel l'opinion de M. Fisher aurait pu être plus intéressante à découvrir.

« Vous aviez l'air si à l'aise », dit Fisher, « que j'ai pensé que vous deviez être l'un des domestiques. Je cherche quelqu'un pour prendre mon sac ; Je n'ai abattu personne, car je suis parti précipitamment.

— Moi non plus, d'ailleurs, répondit le duc avec une certaine fierté. "Je ne fais jamais. S'il y a un animal vivant que je déteste, c'est bien un voiturier. J'ai appris à m'habiller très jeune et j'étais censé le faire décemment. Je suis peut-être dans ma deuxième enfance, mais je ne suis pas allé jusqu'à être habillé comme un enfant.

« Le Premier ministre n'a pas amené de valet de chambre ; il a amené une secrétaire à la place », a observé Fisher. « Travail diabolique de qualité inférieure. N'ai-je pas entendu dire qu'Harker était ici ?

« Il est là-bas, sur l'embarcadère », répondit le duc avec indifférence, et il reprit l'étude du Morning Post.

Fisher franchit le dernier mur végétal du jardin jusqu'à une sorte de chemin de halage donnant sur la rivière et sur un îlot en bois en face. Là, en effet, il aperçut une silhouette svelte et sombre, courbée presque comme celle d'un vautour, une posture bien connue dans les tribunaux sous le nom de Sir John Harker, le procureur général. Son visage était marqué par un travail de tête, car seul parmi les trois oisifs du jardin, c'était un homme qui avait fait son propre chemin ; et autour de son front chauve et de ses tempes creuses pendaient des cheveux d'un rouge terne, tout plats, comme des plaques de cuivre.

"Je n'ai pas encore vu mon hôte", dit Horne Fisher, d'un ton légèrement plus sérieux qu'il n'avait l'habitude avec les autres, "mais je suppose que je le rencontrerai au dîner."

« Vous pouvez le voir maintenant ; mais vous ne pouvez pas le rencontrer », répondit Harker.

Il hocha la tête vers l'extrémité de l'île d'en face et, regardant fixement dans la même direction, l'autre invité aperçut le dôme d'un crâne chauve et le haut d'une canne à pêche, tous deux également immobiles, surgissant des hauts sous-bois. sur fond de ruisseau au-delà. Le pêcheur semblait assis contre une souche d'arbre et tourné vers l'autre rive, de sorte que son visage ne pouvait pas être vu, mais la forme de sa tête était indubitable.

"Il n'aime pas être dérangé lorsqu'il pêche", a poursuivi Harker. « C'est une sorte de mode chez lui de ne manger que du poisson, et il est très fier d'attraper le sien. Bien sûr, il est pour la simplicité, comme tant de ces millionnaires. Il aime venir dire qu'il a travaillé pour son pain quotidien comme un ouvrier.

« Est-ce qu'il explique comment il souffle tout le verre et bourre tous les tissus d'ameublement, » a demandé Fisher, « et fabrique toutes les fourchettes en argent, et cultive tous les raisins et les pêches, et dessine tous les motifs sur les tapis ? J'ai toujours entendu dire qu'il était un homme occupé.

«Je ne pense pas qu'il en ait parlé», a répondu l'avocat. « Quel est le sens de cette satire sociale ?

«Eh bien, je suis un peu fatigué», dit Fisher, «de la vie simple et de la vie fatigante que vivent notre petit groupe. Nous sommes tous vraiment dépendants dans presque tout, et nous nous soucions tous d'être indépendants dans quelque chose. Le premier ministre se targue de se passer d'un chauffeur, mais il ne peut se passer d'un factotum et d'un touche-à-tout ; et le pauvre vieux Bunker doit jouer le rôle d'un génie universel, pour lequel Dieu sait qu'il n'a jamais été destiné. Le duc se targue de se passer d'un valet de chambre, mais, pour autant, il doit donner à beaucoup de monde une peine infernale pour récupérer des vieux vêtements aussi extraordinaires que lui. Il doit les faire rechercher au British Museum ou extraire des tombes. Ce chapeau blanc à lui seul nécessitera une sorte d'expédition aménagée pour le retrouver, comme le pôle Nord. Et ici, nous avons le vieux Hook qui fait semblant de produire son propre poisson alors qu'il ne pouvait pas produire ses propres couteaux à poisson ou fourchettes à poisson pour le manger. Il est peut-être simple à propos de choses simples comme la nourriture, mais vous pariez qu'il est luxueux à propos des choses luxueuses, en particulier des petites choses. Je ne vous inclut pas ; vous avez travaillé trop dur pour aimer jouer au travail.

« Je pense parfois, » dit Harker, « que vous cachez un horrible secret d'être parfois utile. N'êtes-vous pas venu ici pour voir Numéro Un avant qu'il ne parte pour Birmingham ?

Horne Fisher répondit d'une voix plus basse : « Oui ; et j'espère avoir la chance de l'attraper avant le dîner. Il doit voir Sir Isaac à propos de quelque chose juste après.

"Tiens!" s'exclama Harker. « Sir Isaac a fini sa pêche. Je sais qu'il est fier de se lever au lever du soleil et d'entrer au coucher du soleil.

Le vieil homme de l'île s'était en effet levé, le visage rond et montrant un buisson de barbe grise, des traits plutôt petits et enfoncés, mais des sourcils féroces et des yeux vifs et colériques. Portant soigneusement son matériel de pêche, il était déjà en train de regagner le continent en traversant un pont de tremplins plats un peu en aval du ruisseau peu profond ; puis il se retourna, s'avança vers ses invités et les salua poliment. Il y avait plusieurs poissons dans son panier et il était de bonne humeur.

« Oui », dit-il, reconnaissant l'expression polie de surprise de Fisher, « je me lève avant tout le monde dans la maison, je pense. L'oiseau en avance attrape le vers."

"Malheureusement", a déclaré Harker, "ce sont les premiers poissons qui attrapent le ver."

"Mais les premiers hommes attrapent le poisson", répondit le vieil homme d'un ton bourru.

"Mais d'après ce que j'ai entendu, Sir Isaac, vous êtes aussi le défunt homme", intervint Fisher. "Vous devez vous contenter de très peu de sommeil."

« Je n'ai jamais eu beaucoup de temps pour dormir, » répondit Hook, « et de toute façon, je devrai être en retard ce soir. Le Premier ministre veut discuter, me dit-il, et, tout bien considéré, je pense que nous ferions mieux de nous habiller pour le dîner.

Le dîner se passa ce soir-là sans un mot de politique et sans rien de plus que des bagatelles cérémonielles. Le Premier ministre, Lord Merivale, qui était un homme long et mince aux cheveux gris bouclés, a gravement félicité son hôte de son succès en tant que pêcheur ainsi que de l'habileté et de la patience dont il faisait preuve ; la conversation coulait comme un ruisseau peu profond à travers les tremplins.

"Il faut de la patience pour les attendre, sans aucun doute", a déclaré Sir Isaac, "et de l'habileté pour les jouer, mais je suis généralement assez chanceux dans ce domaine."

"Est-ce qu'un gros poisson brise la ligne et s'enfuit ?" » demanda l'homme politique avec un intérêt respectueux.

"Ce n'est pas le genre de phrase que j'utilise", répondit Hook avec satisfaction. « Je me spécialise plutôt dans le plaquage, en fait. S'il était assez fort pour faire ça, il le serait aussi pour me tirer dans la rivière.

« Une grande perte pour la communauté », a déclaré le Premier ministre en s'inclinant.

Fisher avait écouté toutes ces futilités avec une impatience intérieure, attendant sa propre opportunité, et lorsque l'hôte se leva , il se leva d'un bond avec une vigilance dont il faisait rarement preuve. Il réussit à rattraper Lord Merivale avant que Sir Isaac ne l'emporte pour l'entretien final. Il n'avait que quelques mots à dire, mais il voulait les faire dire.

Il dit à voix basse en ouvrant la porte au premier ministre : « J'ai vu Montmirail ; il dit que si nous ne protestons pas immédiatement au nom du Danemark, la Suède s'emparera certainement des ports.

Lord Merivale hocha la tête. "Je vais juste entendre ce que Hook a à dire à ce sujet", a-t-il déclaré.

«J'imagine», dit Fisher avec un léger sourire, «qu'il n'y a pratiquement aucun doute sur ce qu'il en dira.»

Merivale ne répondit pas, mais se précipita gracieusement vers la bibliothèque, où son hôte l'avait déjà précédé. Les autres se dirigèrent vers la salle de billard, Fisher se contentant de dire à l'avocat : « Ils ne tarderont pas. Nous savons qu'ils sont pratiquement d'accord.

« Hook soutient entièrement le Premier ministre », a confirmé Harker.

"Ou bien le Premier ministre soutient entièrement Hook", a déclaré Horne Fisher, et il a commencé à frapper les boules sur la table de billard sans rien faire.

Horne Fisher descendit le lendemain matin tard et tranquillement, comme c'était sa répréhensible habitude ; il n'avait visiblement aucun appétit pour attraper des vers. Mais les autres convives semblaient avoir ressenti la même indifférence, et ils se servaient de temps en temps pour prendre leur petit-déjeuner dans le buffet, aux heures proches du déjeuner. De sorte que ce ne fut que quelques heures plus tard que la première sensation de cette journée étrange les envahit. Il s'agissait d'un jeune homme aux cheveux clairs et à l'expression franche, qui descendait la rivière en godille et débarquait à l'embarcadère. Ce n'était en fait autre que M. Harold March, dont le voyage avait commencé très loin en amont de la rivière aux premières heures de la journée. Il est arrivé tard dans l'après-midi, après s'être arrêté pour prendre le thé dans une grande ville riveraine, et il avait un journal du soir rose qui sortait de sa poche. Il est tombé sur le jardin au bord de la rivière comme un coup de foudre calme et bien élevé, mais il était un coup de foudre sans le savoir.

Le premier échange de salutations et de présentations fut assez banal et consista en effet en une inévitable répétition d'excuses pour l'isolement excentrique de l'hôte. Bien entendu, il était retourné à la pêche et ne devait pas être dérangé avant l'heure convenue, bien qu'il soit assis à un jet de pierre de l'endroit où ils se trouvaient.

« Vous voyez, c'est son seul passe-temps, » observa Harker en s'excusant, « et, après tout, c'est sa propre maison ; et il est très hospitalier à d'autres égards.

« J'ai plutôt peur, dit Fisher d'une voix plus basse, que cela devienne plus une manie qu'un passe-temps. Je sais ce que ça fait quand un homme de cet âge commence à collectionner des choses, ne serait-ce que ces petits poissons de rivière pourris. Vous vous souvenez de l'oncle de Talbot avec ses cure-dents, du pauvre vieux Buzzy et du gaspillage de cendres de cigares. Hook a fait beaucoup de grandes choses au cours de son époque – de grandes choses dans le commerce du bois en Suède et la Conférence de la paix à Chicago – mais je doute qu'il se soucie aujourd'hui de ces grandes choses comme il se soucie de ces petits poissons.

« Oh, venez, venez », protesta le procureur général. « Vous ferez croire à M. March qu'il est venu rendre visite à un fou. Croyez-moi, Hook ne le fait que pour s'amuser, comme tout autre sport, sauf qu'il est du genre à prendre son plaisir avec tristesse. Mais je parie que s'il y avait de grandes nouvelles concernant le bois ou le transport maritime, il laisserait tomber son plaisir et son poisson.

"Eh bien, je me le demande", dit Horne Fisher, regardant d'un air endormi l'île dans la rivière.

"Au fait, y a-t-il des nouvelles de quelque chose ?" » demanda Harker à Harold March. « Je vois que vous avez un journal du soir ; un de ces journaux du soir entreprenants qui paraissent le matin.

"Le début du discours de Lord Merivale à Birmingham", répondit March en lui tendant le papier. "Ce n'est qu'un paragraphe, mais cela me semble plutôt bien."

Harker prit le papier, le battit et le replia, et regarda les informations « Stop Press ». Ce n'était, comme March l'avait dit, qu'un paragraphe. Mais c'était un paragraphe qui produisit un effet particulier sur Sir John Harker. Ses sourcils baissés se soulevèrent avec un scintillement et ses yeux clignèrent, et pendant un instant sa mâchoire coriace se desserra. Il ressemblait étrangement à un très vieil homme. Puis, durcissant la voix et tendant le papier à Fisher sans trembler, il dit simplement :

« Eh bien, voici une chance de parier. Vous avez une grande nouvelle pour perturber la pêche du vieil homme.

Horne Fisher regardait le journal, et sur ses traits plus languissants et moins expressifs, un changement semblait également se produire. Même ce petit paragraphe comportait deux ou trois gros titres, et son regard tomba sur « Avertissement sensationnel à l'intention de la Suède » et « Nous protesterons ».

« Que diable… » dit-il, et ses mots s'adoucirent d'abord en un murmure puis en un sifflement.

« Nous devons le dire immédiatement au vieux Hook, sinon il ne nous pardonnera jamais », a déclaré Harker. « Il voudra probablement voir le numéro un immédiatement, même s'il est peut-être trop tard maintenant. Je vais vers lui immédiatement. De toute façon, je parie que je lui ferai oublier son poisson. Et, tournant le dos, il s'avança précipitamment le long de la rivière jusqu'à la chaussée de pierres plates.

March regardait Fisher, étonné de l'effet produit par son papier rose.

"Qu'est-ce que tout cela veut dire?" il pleure. « J'ai toujours pensé que nous devrions protester pour défendre les ports danois, pour leur bien et pour le nôtre. Qu'est-ce que c'est que tout ce tracas à propos de Sir Isaac et de vous tous ? Pensez-vous que c'est une mauvaise nouvelle ?

"Mauvaises nouvelles!" répéta Fisher avec une sorte d'emphase douce au-delà de toute expression.

« Est-ce si grave que tout ça ? demanda enfin son ami.

« Aussi mauvais que tout ça ? » répéta Fisher. « Bien sûr, c'est aussi bon que possible. C'est une excellente nouvelle. C'est une glorieuse nouvelle ! C'est là que le diable entre en jeu, pour nous assommer tous. C'est admirable. C'est inestimable. C'est aussi assez incroyable.

Il contempla de nouveau les couleurs grises et vertes de l'île et du fleuve, et son œil un peu morne parcourut lentement les haies et les pelouses.

« J'avais l'impression que ce jardin était une sorte de rêve », dit-il, « et je suppose que je dois rêver. Mais il y a de l'herbe qui pousse et de l'eau qui bouge ; et quelque chose d'impossible s'est produit.

Alors même qu'il parlait, la silhouette sombre, courbée comme un vautour, apparut dans la brèche de la haie juste au-dessus de lui.

"Vous avez gagné votre pari", dit Harker d'une voix dure et presque coassante. « Le vieil imbécile ne s'intéresse qu'à la pêche. Il m'a maudit et m'a dit qu'il ne parlerait pas de politique.

"Je pensais que c'était peut-être le cas", a déclaré Fisher modestement. "Qu'est-ce que tu vas faire après?"

« De toute façon, j'utiliserai le téléphone du vieil idiot », répondit l'avocat. « Je dois découvrir exactement ce qui s'est passé. Demain, je dois parler moi-même au nom du gouvernement. Et il se précipita vers la maison.

Dans le silence qui suivit, un silence très ahurissant pour March, ils virent la silhouette pittoresque du duc de Westmoreland, avec son chapeau blanc et ses moustaches, s'approcher d'eux à travers le jardin. Fisher s'avança immédiatement vers lui, le papier rose à la main, et, en quelques mots, lui montra le paragraphe apocalyptique. Le duc, qui marchait lentement, resta immobile et, pendant quelques secondes, il ressembla à un mannequin de tailleur debout et regardant devant une boutique désuète. Puis March entendit sa voix, et elle était aiguë et presque hystérique :

« Mais il faut qu'il le voie ; il faut lui faire comprendre. Cela ne peut pas lui avoir été présenté correctement. Puis, avec un certain regain d'ampleur et même d'emphase dans la voix : « J'irai lui dire moi-même. »

Parmi les incidents étranges de cet après-midi, March se souvenait toujours de quelque chose de presque comique dans l'image claire du vieux gentleman dans son magnifique chapeau blanc marchant prudemment de pierre en pierre à travers la rivière, comme une silhouette traversant la circulation à Piccadilly. Puis il disparut derrière les arbres de l'île, et March et Fisher se tournèrent vers le procureur général, qui sortait de la maison avec un visage sombre et assuré.

« Tout le monde dit, a-t-il déclaré, que le premier ministre a prononcé le plus grand discours de sa vie. Péroration et acclamations bruyantes et prolongées. Financiers corrompus et paysans héroïques. Nous n'abandonnerons plus le Danemark.»

Fisher hocha la tête et se tourna vers le chemin de halage, où il vit le duc revenir avec une expression plutôt hébétée. En réponse aux questions, il dit, d'une voix rauque et confidentielle :

« Je pense vraiment que notre pauvre ami ne peut pas être lui-même. Il a refusé d'écouter ; il… ah… a suggéré que je pourrais effrayer le poisson.

Une oreille attentive aurait pu déceler un murmure de M. Fisher au sujet d'un chapeau blanc, mais Sir John Harker l'a frappé de manière plus décisive :

« Fisher avait tout à fait raison. Je n'y croyais pas moi-même, mais il est clair que le vieux bonhomme est désormais fixé sur cette idée de pêche. Si la maison prenait feu derrière lui , il bougerait à peine jusqu'au coucher du soleil.

Fisher avait continué sa promenade vers les remblais plus élevés du chemin de halage, et il jetait maintenant un regard long et inquisiteur, non pas vers l'île, mais vers les hauteurs boisées lointaines qu'étaient les parois de la vallée. Un ciel du soir aussi clair que celui de la veille s'installait sur tout le paysage sombre, mais vers l'ouest il était maintenant rouge plutôt que doré ; il n'y avait presque pas d'autre bruit que la musique monotone de la rivière. Puis retentit une exclamation à moitié étouffée de la part de Horne Fisher, et Harold March le regarda avec émerveillement.

"Vous avez parlé de mauvaises nouvelles", a déclaré Fisher. « Eh bien, il y a de très mauvaises nouvelles maintenant. J'ai bien peur que ce soit une mauvaise affaire.

« De quelle mauvaise nouvelle parlez-vous ? » demanda son ami, conscient de quelque chose d'étrange et de sinistre dans sa voix.

"Le soleil s'est couché", répondit Fisher.

» Il continua avec l'air de quelqu'un conscient d'avoir dit quelque chose de fatal. « Nous devons trouver quelqu'un qu'il écoutera vraiment. Il est peut-être fou, mais il y a de la méthode dans sa folie. Il y a presque toujours de la méthode dans la folie. C'est ce qui rend les hommes fous, être méthodique. Et il ne reste jamais assis là après le coucher du soleil, alors que tout l'endroit devient sombre. Où est son neveu ? Je crois qu'il aime vraiment son neveu.

"Regarder!" » s'écria brusquement March. «Eh bien, il a déjà traversé. Le voilà qui revient.

Et, regardant de nouveau la rivière, ils aperçurent, sombre sur les reflets du coucher du soleil, la silhouette de James Bullen marchant précipitamment et plutôt maladroitement de pierre en pierre. Une fois, il glissa sur une pierre avec un léger clapotis. Lorsqu'il rejoignit le groupe sur la rive, son visage olive était anormalement pâle.

Les quatre autres hommes s'étaient déjà rassemblés au même endroit et lui criaient presque simultanément : « Que dit-il maintenant ?

"Rien. Il dit : rien.

Fisher regarda le jeune homme fixement pendant un moment ; puis il sortit de son immobilité et, faisant signe à March de le suivre, se dirigea lui-même vers le passage de la rivière. En quelques instants, ils furent sur le petit sentier battu qui contournait l'île boisée, de l'autre côté où était assis le pêcheur. Puis ils se levèrent et le regardèrent sans un mot.

Sir Isaac Hook était toujours assis appuyé contre la souche de l'arbre, et cela pour la meilleure des raisons. Une longueur de sa propre ligne de pêche infaillible était tordue et serrée deux fois autour de sa gorge, puis deux fois autour de l'étai en bois derrière lui. L'enquêteur principal a couru en avant et a touché la main du pêcheur, et elle était aussi froide qu'un poisson.

"Le soleil s'est couché", a déclaré Horne Fisher, sur le même ton terrible, "et il ne le verra plus jamais se lever."

Dix minutes après, les cinq hommes, secoués par un tel choc, étaient de nouveau ensemble dans le jardin, se regardant avec des visages blancs mais attentifs. L'avocat semblait le plus alerte du groupe ; il était articulé quoique quelque peu brusque.

"Nous devons laisser le corps tel quel et téléphoner à la police", a-t-il déclaré. « Je pense que ma propre autorité s'étendra jusqu'à examiner les domestiques et les papiers du pauvre garçon, pour voir s'il y a quelque chose qui les concerne. Bien sûr, aucun de vous, messieurs, ne doit quitter cet endroit.

Peut-être y avait-il quelque chose dans sa légalité rapide et rigoureuse qui suggérait la fermeture d'un filet ou d'un piège. Quoi qu'il en soit, le jeune Bullen s'effondra soudain, ou peut-être explosa, car sa voix était comme une explosion dans le jardin silencieux.

«Je ne l'ai jamais touché», crie-t-il. "Je jure que je n'ai rien à voir avec ça!"

"Qui a dit que tu l'avais fait?" » demanda Harker d'un œil dur. "Pourquoi cries-tu avant d'être blessé?"

« Parce que vous me regardez tous comme ça », s'écria le jeune homme avec colère. "Penses-tu que je ne sais pas que tu parles toujours de mes foutues dettes et de mes attentes ?"

À la grande surprise de March, Fisher s'était éloigné de cette première collision, entraînant le duc avec lui vers une autre partie du jardin. Lorsqu'il fut hors de portée de voix des autres, il dit avec une curieuse simplicité :

"Westmoreland, je vais droit au but."

"Bien?" dit l'autre en le regardant fixement.

"Vous avez un motif pour le tuer", a déclaré Fisher.

Le duc continuait de le regarder fixement, mais il semblait incapable de parler.

«J'espère que vous aviez un mobile pour le tuer», continua doucement Fisher. « Vous voyez, c'est une situation assez curieuse. Si vous avez un mobile pour commettre un meurtre, vous n'avez probablement pas commis de meurtre. Mais si vous n'aviez aucun motif, alors peut-être que vous l'avez eu.

"De quoi tu parles?" demanda violemment le duc.

"C'est très simple", a déclaré Fisher. « Quand vous avez traversé, il était soit vivant, soit mort. S'il était vivant, c'est peut-être vous qui l'avez tué, ou pourquoi auriez-vous dû garder le silence sur sa mort ? Mais s'il était mort et que vous aviez une raison de le tuer, vous auriez pu garder votre silence de peur d'être accusé. Puis, après un silence, il ajouta distraitement : « Chypre est un endroit magnifique, je crois. Paysages romantiques et gens romantiques. Très enivrant pour un jeune homme.

Le duc serra soudain les mains et dit d'une voix épaisse : "Eh bien, j'avais un mobile."

"Alors tout va bien", dit Fisher en tendant la main avec un air de grand soulagement. « J'étais presque sûr que tu ne le ferais pas vraiment ; on a eu peur en voyant cela fait, comme c'était tout naturel. Comme un mauvais rêve devenu réalité, n'est-ce pas ?

Pendant que se déroulait cette curieuse conversation, Harker était entré dans la maison, sans prêter attention aux démonstrations du boudeur neveu, et revint aussitôt avec un nouvel air d'animation et une liasse de papiers à la main.

« J'ai téléphoné à la police », dit-il en s'arrêtant pour parler à Fisher, « mais je pense avoir fait l'essentiel de leur travail à leur place. Je crois avoir découvert la vérité. Il y a un journal ici… » Il s'arrêta, car Fisher le regardait avec une expression singulière ; et ce fut Fisher qui parla ensuite :

« Y a-t-il des papiers qui ne sont pas là, je me demande ? Je veux dire, ils ne sont plus là maintenant ? » Après une pause, il ajouta : « Mettons cartes sur table. Quand vous avez parcouru ses papiers avec une telle rapidité, Harker, ne cherchiez-vous pas quelque chose pour… pour vous assurer qu'on ne le trouverait pas ?

Harker n'avait pas de cheveux roux sur sa tête dure, mais il regardait l'autre du coin de l'œil.

« Et je suppose, » poursuivit Fisher d'un ton doux, « c'est pour cela que vous aussi, vous nous avez menti en disant que vous aviez trouvé Hook vivant. Vous saviez qu'il y avait quelque chose qui prouvait que vous aviez pu le tuer, et vous n'avez pas osé nous dire qu'il avait été tué. Mais croyez-moi, il vaut mieux être honnête maintenant.

Le visage hagard de Harker s'éclaira soudain comme par des flammes infernales.

« Honnêtement, s'écria-t-il, ce n'est pas très bien de votre part, les gars, pour être honnête. Vous êtes tous nés avec des cuillères en argent dans la bouche, et puis vous vous vantez avec une vertu éternelle parce que vous n'avez pas les cuillères des autres dans vos poches. Mais je suis né dans une pension de Pimlico et j'ai dû fabriquer ma cuillère, et il y aurait beaucoup à dire que je n'ai gâté qu'une corne ou un honnête homme. Et si un homme en difficulté dépasse un peu les limites dans sa jeunesse, dans les parties inférieures de la loi qui sont de toute façon assez sombres, il y a toujours un vieux vampire qui s'accrochera à lui toute sa vie pour cela.

« Les Golcondes guatémaltèques, n'est-ce pas ? » dit Fisher avec sympathie.

Harker frissonna soudain. Puis il dit : « Je crois que vous devez tout savoir, comme Dieu Tout-Puissant. »

"J'en sais trop", a déclaré Horne Fisher, "et toutes les mauvaises choses."

Les trois autres hommes se rapprochaient d'eux, mais avant qu'ils ne s'approchent trop, Harker dit d'une voix qui avait retrouvé toute sa fermeté :

« Oui, j'ai détruit un papier, mais j'ai vraiment trouvé un papier aussi ; et je crois que cela nous blanchit tous.

« Très bien, » dit Fisher d'un ton plus fort et plus joyeux ; « profitons-en tous. »

« Tout en haut des papiers de Sir Isaac, expliqua Harker, il y avait une lettre de menace émanant d'un homme nommé Hugo. Cela menace de tuer notre malheureux ami de la même manière qu'il a été tué. C'est une lettre sauvage, pleine de railleries ; vous pouvez le constater par vous-mêmes ; mais cela met particulièrement l'accent sur l'habitude du pauvre Hook de pêcher depuis l'île. Surtout, l'homme affirme écrire depuis un bateau. Et comme nous sommes allés seuls jusqu'à lui, - et il sourit d'une façon un peu laide, - le crime a dû être commis par un homme qui passait dans un bateau.

« Eh bien, mon cher ! » s'écria le duc avec quelque chose qui ressemblait presque à de l'animation. « Eh bien, je me souviens très bien de l'homme appelé Hugo! Il était une sorte de serviteur et de garde du corps de Sir Isaac. Vous voyez, Sir Isaac avait peur d'être agressé. Il n'était… il n'était pas très populaire auprès de plusieurs personnes. Hugo fut libéré après une dispute quelconque ; mais je me souviens bien de lui. C'était un très grand Hongrois avec de grandes moustaches qui ressortaient de chaque côté de son visage.

Une porte s'est ouverte dans l'obscurité de la mémoire, ou plutôt de l'oubli, d'Harold March, et a montré un paysage brillant, comme celui d'un rêve perdu. C'était plutôt un paysage aquatique qu'un paysage, composé de prairies inondées, d'arbres bas et de l'arche sombre d'un pont. Et pendant un instant il revit l'homme aux moustaches comme des cornes noires bondir sur le pont et disparaître.

"Bonté divine!" il pleure. "Eh bien, j'ai rencontré le meurtrier ce matin!"

* * *

Après tout, Horne Fisher et Harold March ont passé leur journée sur la rivière, car le petit groupe s'est séparé à l'arrivée de la police. Ils ont déclaré que la coïncidence des preuves de March avait innocenté toute la compagnie et conclu le procès contre Hugo volant. Horne Fisher trouva très douteux que ce fugitif hongrois soit un jour arrêté ; On ne peut pas non plus prétendre qu'il a fait preuve d'une énergie de détective très démoniaque en la matière alors qu'il s'appuyait sur les coussins du bateau, fumant et regardant les roseaux se balancer glisser.

"C'était une très bonne idée de monter sur le pont", a-t-il déclaré. « Un bateau vide ne signifie pas grand-chose ; on ne l'a vu atterrir sur aucune des rives, et il a quitté le pont sans y marcher, pour ainsi dire. Il a vingt-quatre heures d'avance ; ses moustaches disparaîtront, puis il disparaîtra. Je pense qu'il y a tout espoir qu'il s'échappe.

"Espoir?" » répéta March et arrêta de godiller un instant.

"Oui, de l'espoir", répéta l'autre. « Pour commencer, je ne vais pas vraiment me laisser emporter par la vengeance corse parce que quelqu'un a tué Hook. Peut-être pourrez-vous deviner à ce moment-là ce qu'était Hook. Un maudit maître chanteur suceur de sang était ce simple capitaine d'industrie, laborieux et autodidacte. Il avait des secrets contre presque tout le monde ; un contre le pauvre vieux Westmoreland au sujet d'un mariage précoce à Chypre qui aurait pu mettre la duchesse dans une position étrange ; et une contre Harker à propos d'une dispute avec l'argent de son client alors qu'il était jeune avocat. C'est pour cela qu'ils se sont effondrés lorsqu'ils l'ont trouvé assassiné, bien sûr. Ils avaient l'impression de l'avoir fait dans un rêve. Mais j'avoue que j'ai une autre raison pour ne pas vouloir que notre ami hongrois soit pendu pour ce meurtre.»

"Et qu'est ce que c'est que ça?" demanda son ami.

"Seulement qu'il n'a pas commis le meurtre", répondit Fisher.

Harold March déposa les rames et laissa le bateau dériver un instant.

"Vous savez, je m'attendais à moitié à quelque chose comme ça", a-t-il déclaré. "C'était assez irrationnel, mais cela flottait dans l'atmosphère, comme le tonnerre dans l'air."

"Au contraire, c'est déclarer Hugo coupable qui est irrationnel", a répondu Fisher. « Ne voyez-vous pas qu'ils le condamnent pour la même raison qu'ils acquittent tous les autres ? Harker et Westmoreland sont restés silencieux parce qu'ils l'ont trouvé assassiné et savaient qu'il y avait des papiers qui les faisaient ressembler aux meurtriers. Eh bien, Hugo l'a trouvé assassiné, et Hugo savait aussi qu'il existait un journal qui le ferait ressembler au meurtrier. Il l'avait écrit lui-même la veille.

— Mais dans ce cas, dit March en fronçant les sourcils, à quelle heure surnaturelle le meurtre a-t-il réellement été commis ? Il faisait à peine jour lorsque je l'ai rencontré sur le pont, qui se trouve bien au-dessus de l'île.

"La réponse est très simple", a répondu Fisher. «Le crime n'a pas été commis dans la matinée. Le crime n'a pas été commis sur l'île.

March regarda l'eau brillante sans répondre, mais Fisher reprit comme quelqu'un à qui on a posé une question :

« Tout meurtre intelligent implique de tirer parti d' une caractéristique inhabituelle dans une situation courante. L'élément caractéristique ici était l'imagination du vieux Hook d'être le premier homme debout chaque matin, sa routine fixe de pêcheur à la ligne et son agacement d'être dérangé. Le meurtrier l'a étranglé dans sa propre maison après le dîner de la veille, a transporté son cadavre, avec tout son matériel de pêche, à travers le ruisseau en pleine nuit, l'a attaché à l'arbre et l'a laissé là sous les étoiles. C'était un homme mort qui pêchait là toute la journée. Puis l'assassin revint à la maison, ou plutôt au garage, et s'en alla avec son automobile. Le meurtrier conduisait sa propre voiture.

Fisher jeta un coup d'œil au visage de son ami et poursuivit. « Vous avez l'air horrifié et la chose est horrible. Mais d'autres choses sont aussi horribles. Si un homme obscur avait été harcelé par un maître chanteur et avait vu sa vie de famille ruinée, on ne considérerait pas le meurtre de son persécuteur comme le plus inexcusable des meurtres. Est-ce pire lorsqu'une grande nation tout entière est libérée ainsi qu'une famille ? Par cet avertissement adressé à la Suède , nous empêcherons probablement la guerre, ne la précipiterons pas, et sauverons des milliers de vies bien plus précieuses que la vie de cette vipère. Oh, je ne parle pas de sophisme ni de justification sérieuse de la chose, mais l'esclavage qui le retenait, lui et son pays, était mille fois moins justifiable. Si j'avais vraiment été vif , j'aurais dû le deviner à son sourire doux et mortel au dîner ce soir-là. Vous souvenez-vous de cette conversation idiote sur l'âge d'Isaac qui pouvait toujours jouer à son poisson ? Dans un sens assez infernal, c'était un pêcheur d'hommes.

Harold March prit les rames et se remit à ramer .

«Je me souviens», dit-il, «et de la façon dont un gros poisson pouvait briser la ligne et s'enfuir.»

VI. LE TROU DANS LE MUR

Deux hommes, l'un architecte et l'autre archéologue, se rencontrèrent sur les marches de la grande maison de Prior's Park ; et leur hôte, Lord Bulmer, à sa manière légère, trouva naturel de les présenter. Il faut avouer qu'il était à la fois flou et aéré, et qu'il n'avait pas de lien très clair dans son esprit, au-delà du sentiment qu'un architecte et un archéologue commencent par la même série de lettres. Le monde doit rester dans un doute respectueux quant à savoir s'il aurait, selon les mêmes principes, présenté un diplomate à un dipsomane ou un ratiocinateur à un chasseur de rats. C'était un grand jeune homme blond, au cou de taureau, riche en gestes extérieurs, battant inconsciemment ses gants et brandissant son bâton.

« Vous devriez avoir quelque chose à dire, tous les deux, » dit-il joyeusement. « Les vieux bâtiments et tout ce genre de choses ; Au fait, c'est plutôt un vieux bâtiment, même si je le dis qui ne devrait pas le dire. Je dois vous demander de m'excuser un instant ; Je dois aller voir les cartes pour cette fête de Noël organisée par ma sœur. Nous espérons vous y voir tous, bien sûr. Juliette veut que ce soit une affaire de déguisements – abbés et croisés et tout ça. Mes ancêtres, je suppose, après tout.

"J'espère que l'abbé n'était pas un ancêtre", a déclaré le monsieur archéologue en souriant.

– Seulement une sorte de grand-oncle, j'imagine, répondit l'autre en riant ; puis son œil un peu décousu parcourut le paysage ordonné devant la maison ; une nappe d'eau artificielle ornée d'une nymphe surannée au centre et entourée d'un parc de grands arbres maintenant gris, noirs et glacials, car c'était au cœur d'un hiver rigoureux.

« Il fait très froid », poursuivit Sa Seigneurie. "Ma sœur espère que nous ferons du patinage ainsi que de la danse."

"Si les croisés viennent en armure complète", dit l'autre, "vous devez faire attention à ne pas noyer vos ancêtres."

"Oh, il n'y a aucune crainte à ce sujet", répondit Bulmer ; "Notre précieux lac n'a nulle part deux pieds de profondeur." Et, d'un de ses gestes florissants, il enfonça son bâton dans l'eau pour montrer qu'elle était peu profonde. Ils pouvaient voir l'extrémité courte courbée dans l'eau, de sorte qu'il semblait pendant un instant appuyer de son gros poids sur un bâton qui se cassait.

« Le pire auquel on puisse s'attendre, c'est de voir un abbé s'asseoir un peu brusquement », ajouta-t-il en se détournant. « Eh bien, au revoir ; Je vous le dirai plus tard.

L'archéologue et l'architecte restèrent sur les grandes marches de pierre, se souriant ; mais quels que soient leurs intérêts communs, ils présentaient un contraste personnel considérable, et les fantaisistes auraient même pu trouver quelque contradiction chez chacun d'eux considéré individuellement. Le premier, un certain M. James Haddow, venait d'un repaire somnolent des Inns of Court, plein de cuir et de parchemins, car le droit était sa profession et l'histoire seulement son passe-temps ; il était en effet, entre autres, l'avocat et l'agent de la succession de Prior's Park. Mais lui-même était loin d'être somnolent et semblait remarquablement éveillé, avec des yeux bleus astucieux et proéminents, et des cheveux roux brossés aussi proprement que son costume très soigné. Ce dernier, dont le nom était Leonard Crane, venait tout droit d'un bureau rudimentaire et presque cockney de constructeurs et d'agents immobiliers de la banlieue voisine, se prélassant au soleil au bout d'une nouvelle rangée de maisons construites en bidonville avec des plans aux couleurs et des affiches très vives. en très grosses lettres. Mais un observateur sérieux, au second coup d'œil, aurait pu voir dans ses yeux quelque chose de ce sommeil brillant qu'on appelle vision ; et ses cheveux jaunes, bien que longs sans affectation, étaient naturellement en désordre. C'était une vérité manifeste, bien que mélancolique, que l'architecte était un artiste. Mais le tempérament artistique était loin de l'expliquer ; il y avait chez lui quelque chose d'autre qu'on ne pouvait définir, mais que certains considéraient même comme dangereux. Malgré sa rêverie, il surprenait parfois ses amis avec des arts et même des sports en dehors de sa vie ordinaire, comme des souvenirs d'une existence antérieure. Cette fois-ci, cependant, il s'empressa de décliner toute autorité sur le passe-temps de l'autre homme.

"Je ne dois pas apparaître sous de faux prétextes ", a-t-il déclaré en souriant. "Je ne sais même pas ce qu'est un archéologue, sauf qu'un reste de grec plutôt rouillé suggère que c'est un homme qui étudie les choses anciennes."

«Oui», répondit Haddow d'un ton sombre. "Un archéologue est un homme qui étudie les choses anciennes et découvre qu'elles sont nouvelles."

Crane le regarda fixement pendant un moment puis sourit à nouveau.

« Oserait-on suggérer, dit-il, que certaines des choses dont nous avons parlé font partie des choses anciennes qui s'avèrent ne pas l'être ?

Son compagnon resta également silencieux pendant un moment, et le sourire sur son visage rugueux s'estompa lorsqu'il répondit doucement :

« Le mur qui entoure le parc est vraiment vieux. L'unique porte est gothique et je n'y trouve aucune trace de destruction ou de restauration. Mais la maison et le domaine en général – eh bien, les idées romantiques qu'on y lit sont souvent des romans assez récents, des choses presque comme des romans à la mode. Par exemple, le nom même de cet endroit, Prior's Park, fait penser à tout le monde qu'il s'agit d'une abbaye médiévale éclairée par la lune ; J'ose dire que les spiritualistes y ont découvert à cette époque le fantôme d'un moine. Mais, selon la seule étude faisant autorité sur le sujet que j'ai pu trouver, l'endroit s'appelait simplement Prior's, comme n'importe quel endroit rural s'appelle Podger's . C'était la maison d'un M. Prior, une ferme, probablement, qui se trouvait ici à un moment ou à un autre et qui constituait un point de repère local. Oh, il y a énormément d'exemples de la même chose, ici et partout ailleurs. Notre banlieue était autrefois un village, et parce que certains habitants confondaient le nom et le prononçaient Holliwell , de nombreux poètes mineurs se livraient à des fantaisies sur un puits sacré, avec des sorts, des fées et tout le reste, remplissant la banlieue. salons au crépuscule celtique. Alors que quiconque connaît les faits sait que « Hollinwall » signifie simplement « le trou dans le mur » et fait probablement référence à un accident tout à fait insignifiant. C'est ce que je veux dire quand je dis qu'on ne trouve pas tant des choses anciennes que des choses nouvelles.

Crane semblait être devenu quelque peu inattentif à la petite conférence sur les antiquités et les nouveautés, et la cause de son inquiétude fut bientôt apparente, et même proche. La sœur de Lord Bulmer, Juliet Bray, traversait lentement la pelouse, accompagnée d'un gentleman et suivie de deux autres. Le jeune architecte était dans cet état d'esprit illogique où il préférait trois à un.

L'homme qui accompagnait la dame n'était autre que l'éminent prince Borodino, qui était au moins aussi célèbre qu'un diplomate distingué devrait l'être, dans l'intérêt de ce qu'on appelle la diplomatie secrète. Il avait effectué une série de visites dans diverses maisons de campagne anglaises, et ce qu'il faisait exactement pour la diplomatie à Prior's Park était aussi secret qu'un diplomate pouvait le désirer. La chose évidente à dire à propos de son apparence était qu'il aurait été extrêmement beau s'il n'avait pas été entièrement chauve. Mais en fait, ce serait en soi une façon plutôt brutale de formuler les choses. Aussi fantastique que cela puisse paraître, il serait plus pertinent de dire que les gens auraient été surpris de voir des cheveux pousser sur lui ; aussi surpris que s'ils avaient trouvé des cheveux qui poussaient sur le buste d'un empereur romain. Sa grande silhouette était boutonnée d'une manière qui accentuait plutôt sa corpulence potentielle, et il portait une fleur rouge à sa boutonnière. Des deux hommes qui marchaient derrière, l'un était également chauve, mais de façon plus partielle et aussi plus prématurée, car sa moustache tombante était encore jaune, et si ses yeux étaient un peu lourds, c'était de langueur et non de vieillesse. C'était Horne Fisher, et il parlait de tout aussi facilement et négligemment qu'il le faisait toujours. Son compagnon était un personnage plus frappant, et encore plus sinistre, et il avait l'importance supplémentaire d'être l'ami le plus ancien et le plus intime de Lord Bulmer. Il était généralement connu avec une simplicité sévère sous le nom de M. Brain ; mais il était entendu qu'il avait été juge et officier de police dans l'Inde, et qu'il avait des ennemis qui avaient représenté ses mesures contre le crime comme étant elles-mêmes presque criminelles. C'était le squelette brun d'un homme avec des yeux sombres, profonds et enfoncés et une moustache noire qui cachait le sens de sa bouche. Même s'il avait l'air d'une personne dévastée par une maladie tropicale, ses mouvements étaient beaucoup plus alertes que ceux de son compagnon de repos.

« Tout est réglé », annonça la dame avec beaucoup d'animation lorsqu'ils furent à portée de voix. « Vous devez tous mettre des vêtements de mascarade et très probablement aussi des patins, bien que le prince dise qu'ils ne le font pas ; mais cela ne nous intéresse pas. Il fait déjà glacial et nous n'avons pas souvent une telle opportunité en Angleterre.

«Même en Inde, nous ne patinons pas toute l'année», a observé M. Brain.

"Et même l'Italie n'est pas principalement associée à la glace", a déclaré l'Italien.

« L'Italie est avant tout associée aux glaces », a fait remarquer M. Horne Fisher. «Je veux dire avec les marchands de glaces. La plupart des gens dans ce pays imaginent que l'Italie est entièrement peuplée de marchands de glaces et de joueurs d'orgues. Il y en a certainement beaucoup ; peut-être s'agit-il d'une armée d'invasion déguisée.

« Comment savez-vous qu'ils ne sont pas les émissaires secrets de notre diplomatie ? demanda le prince avec un sourire légèrement méprisant. "Une armée de joueurs d'orgue pourrait capter des indices, et leurs singes pourraient capter toutes sortes de choses."

"Les organes sont organisés en fait", a déclaré M. Fisher avec désinvolture. « Eh bien, j'ai déjà connu le froid en Italie et même en Inde, sur les pentes de l'Himalaya. La glace sur notre propre petit étang rond sera plutôt confortable en comparaison.

Juliet Bray était une jolie dame aux cheveux et aux sourcils noirs et aux yeux dansants, et il y avait une gentillesse et même une générosité dans ses manières plutôt impérieuses. Dans la plupart des domaines, elle pouvait commander à son frère, même si ce noble, comme beaucoup d'autres hommes aux idées vagues, n'était pas sans un soupçon de tyran lorsqu'il était aux abois. Elle pouvait certainement commander à ses invités, au point même d'habiller les plus respectables et les plus réticents d'entre eux de sa mascarade médiévale. Et il semblait vraiment qu'elle pouvait aussi contrôler les éléments, comme une sorcière. Car le temps s'est progressivement durci et aiguisé ;

Cette nuit-là, la glace du lac, scintillant au clair de lune, était comme un sol de marbre, et ils avaient commencé à danser et à patiner dessus avant la nuit.

Prior's Park, ou, plus exactement, le quartier environnant de Holinwall , était un siège de campagne devenu une banlieue ; n'ayant eu autrefois qu'un village dépendant à ses portes, elle trouvait désormais au dehors de toutes ses portes les signaux de l'expansion de Londres. M. Haddow, qui effectuait des recherches historiques à la fois à la bibliothèque et dans la localité, ne put trouver que peu d'aide dans cette dernière. Il s'était déjà rendu compte, à partir des documents, que Prior's Park ressemblait à l'origine à Prior's Farm, du nom d'un personnage local, mais les nouvelles conditions sociales l'empêchaient de retracer l'histoire à travers ses traditions. Si l'un des vrais paysans était resté, il aurait probablement découvert une légende persistante de M. Prior, aussi éloigné soit-il. Mais la nouvelle population nomade de commis et d'artisans, déplaçant constamment leurs foyers d'une banlieue à l'autre, ou leurs enfants d'une école à l'autre, ne pouvait avoir aucune continuité d'entreprise. Ils avaient tout cet oubli de l'histoire qui accompagne partout l'extension de l'éducation.

Néanmoins, lorsqu'il sortit de la bibliothèque le lendemain matin et vit les arbres hivernaux se dressant autour de l'étang gelé comme une forêt noire, il eut l'impression qu'il se trouvait peut-être loin dans les profondeurs de la campagne. Le vieux mur qui entourait le parc maintenait cet enclos lui-même encore entièrement rural et romantique, et on pouvait facilement imaginer que les profondeurs de cette sombre forêt s'évanouissaient indéfiniment dans des vallées et des collines lointaines. Le gris, le noir et l'argent du bois hivernal étaient d'autant plus sévères ou sombres qu'ils contrastaient avec les groupes carnavalesques colorés qui se tenaient déjà sur et autour de la piscine gelée. Car les invités s'étaient déjà jetés avec impatience dans des déguisements, et l'avocat, avec son costume noir soigné et ses cheveux roux, était la seule figure moderne parmi eux.

"Tu ne vas pas t'habiller?" » demanda Juliette en lui secouant avec indignation une imposante coiffe bleue à cornes du XIVe siècle qui encadrait son visage de manière très convenable, aussi fantastique soit-elle. « Tout le monde ici doit être au Moyen Âge. Même M. Brain a enfilé une sorte de robe de chambre marron et se dit moine ; et M. Fisher a récupéré de vieux sacs de pommes de terre dans la cuisine et les a cousus ensemble ; il est censé être moine aussi. Quant au prince, il est parfaitement glorieux, vêtu de grandes robes pourpres en cardinal. On dirait qu'il pourrait empoisonner tout le monde. Vous devez simplement être quelque chose.

"Je ferai quelque chose plus tard dans la journée", répondit-il. « À présent, je ne suis qu'antiquaire et avocat. Je dois voir votre frère actuellement, à propos de quelques affaires juridiques et aussi de quelques enquêtes locales qu'il m'a demandé de faire. Je dois ressembler un peu à un intendant lorsque je rends compte de ma gestion.

"Oh, mais mon frère s'est habillé !" s'écria la jeune fille. "Tout à fait. Pas de fin, si je puis dire. Pourquoi il s'attaque à vous maintenant dans toute sa gloire.

Le noble seigneur marchait en effet vers eux dans un magnifique costume pourpre et or du XVIe siècle, avec une épée à poignée d'or et un bonnet à plumes, et des manières assorties. En effet, il y avait quelque chose de plus que son habituelle expansion corporelle dans son apparence à ce moment-là. Il semblait presque, pour ainsi dire, que les plumes de son chapeau lui montaient à la tête. Il battit son grand manteau doublé d'or comme les ailes d'un roi des fées dans une pantomime ; il dégaina même son épée avec panache et l'agita comme il le faisait avec sa canne. À la lumière des événements ultérieurs, il semblait y avoir quelque chose de monstrueux et de menaçant dans cette exubérance, quelque chose de l'esprit qu'on appelle fée. À l'époque, quelques personnes ont simplement pensé qu'il était peut-être ivre.

Alors qu'il se dirigeait vers sa sœur, la première silhouette qu'il croisa fut celle de Leonard Crane, vêtu de vert Lincoln, avec la corne, le baudrier et l'épée appropriés à Robin des Bois ; car il se tenait le plus près de la dame, là où, en effet, on aurait pu le trouver pendant une partie disproportionnée du temps. Il avait déployé un de ses talents enfouis en matière de patinage, et maintenant que le patinage était terminé, il semblait disposé à prolonger le partenariat. Le bruyant Bulmer lui fit une passe ludique avec son épée dégainée, avançant avec la fente à la manière de l'escrime et faisant une citation shakespearienne un peu trop familière à propos d'un rongeur et d'une pièce de monnaie vénitienne.

Probablement, à Crane aussi, il y avait à ce moment-là une excitation modérée ; de toute façon, en un éclair, il avait dégainé sa propre épée et paré ; et puis soudain, à la surprise générale, l'arme de Bulmer parut jaillir de sa main dans les airs et rouler sur la glace tintante.

"Eh bien je n'ai jamais !" » dit la dame, comme avec une indignation légitime. "Tu ne m'as jamais dit que tu pouvais aussi faire de l'escrime."

Bulmer leva son épée d'un air plutôt déconcerté qu'ennuyé, ce qui augmentait l'impression de quelque chose d'irresponsable dans son humeur du moment ; puis il se tourna assez brusquement vers son avocat en lui disant :

« Nous pourrons régler le problème du domaine après le dîner ; J'ai raté presque tout le patinage actuel, et je doute que la glace tiendra jusqu'à demain soir. Je pense que je vais me lever tôt et faire un tour tout seul.

« Vous ne serez pas dérangé en ma compagnie », dit Horne Fisher d'un ton las. « Si je dois commencer la journée avec de la glace, à la mode américaine, je la préfère en plus petite quantité. Mais pas d'heures matinales pour moi en décembre. Ceux qui se lèvent tôt attrapent froid.

"Oh, je ne mourrai pas d'avoir attrapé froid", répondit Bulmer en riant.

* * *

Un groupe considérable de la fête de patinage était constitué d'invités séjournant à la maison, et le reste s'était arrêté par deux ou trois quelque temps avant que la plupart des invités ne commencent à se retirer pour la nuit. Les voisins, toujours invités à Prior's Park en de telles occasions, rentraient chez eux en automobile ou à pied ; le gentleman juridique et archéologique était revenu à Inns of Court par un train en retard, pour obtenir un papier réclamé lors de sa consultation avec son client ; et la plupart des autres invités dérivaient et s'attardaient à différentes étapes sur leur chemin vers le lit. Horne Fisher, comme pour se priver de toute excuse à son refus de se lever tôt, avait été le premier à se retirer dans sa chambre ; mais, malgré son air endormi, il ne parvenait pas à dormir. Il avait pris sur une table le livre de topographie antique, dans lequel Haddow avait trouvé ses premières indications sur l'origine du nom local, et, étant un homme doté d'une capacité tranquille et pittoresque à s'intéresser à tout, il commença à lire il le faisait régulièrement, notant de temps en temps des détails sur lesquels ses lectures précédentes lui laissaient un certain doute sur ses conclusions actuelles. Sa chambre était la plus proche du lac, au centre du bois, et était donc la plus calme, et aucun des derniers échos de la fête de la soirée ne pouvait lui parvenir. Il avait suivi attentivement l'argument qui établissait la dérivation de la ferme de M. Prior et du trou dans le mur, et il s'était débarrassé de toute fantaisie à la mode concernant les moines et les puits magiques, lorsqu'il commença à être conscient d'un bruit audible dans le silence glacé de la maison. nuit. Ce n'était pas un bruit particulièrement fort, mais il semblait consister en une série de coups sourds ou violents, comme ceux que pourrait frapper sur une porte en bois un homme cherchant à entrer. Ils furent suivis par quelque chose comme un léger craquement ou un léger craquement, comme si l'obstacle s'était ouvert ou avait cédé. Il ouvrit la porte de sa propre chambre et écouta, mais comme il entendait des conversations et des rires partout dans les étages inférieurs, il n'avait aucune raison de craindre qu'une convocation soit négligée ou que la maison soit laissée sans protection. Il se dirigea vers sa fenêtre ouverte, regardant l'étang gelé et la statue éclairée par la lune au milieu de leur cercle de bois sombres, et écouta à nouveau. Mais le silence était revenu dans cet endroit silencieux, et, après avoir tendu l'oreille pendant un temps considérable, il n'entendit plus que le hululement solitaire d'un train lointain qui partait. Puis il se rappela combien de bruits sans nom peuvent être entendus par ceux qui veillent pendant la nuit la plus ordinaire, et haussant les épaules, il se coucha avec lassitude.

Il se réveilla brusquement et se redressa dans son lit, les oreilles remplies, comme par le tonnerre, des échos lancinants d'un cri déchirant. Il resta rigide un moment, puis sauta hors du lit, enfilant la ample robe de sac qu'il avait portée toute la journée. Il se dirigea d'abord vers la fenêtre, qui était ouverte, mais recouverte d'un épais rideau, de sorte que sa chambre était encore complètement obscure ; mais quand il écarta le rideau et sortit la tête, il vit qu'un point du jour gris et argenté était déjà apparu derrière les bois noirs qui entouraient le petit lac, et c'est tout ce qu'il vit. Même si le son était certainement venu de cette direction par la fenêtre ouverte, toute la scène était calme et vide sous la lumière du matin comme sous le clair de lune. Puis la longue main plutôt nonchalante qu'il avait posée sur le rebord d'une fenêtre la serra plus fort, comme pour maîtriser un tremblement, et ses yeux bleus scrutèrent de peur. Il peut sembler que son émotion était exagérée et inutile, compte tenu de l'effort de bon sens par lequel il avait vaincu sa nervosité à cause du bruit de la nuit précédente. Mais il s'agissait d'un bruit très différent. Il aurait pu être fabriqué à partir d'une demi-centaine de choses, depuis la coupe de bois jusqu'au bris de bouteilles. Il n'y avait qu'une seule chose dans la nature d'où pouvait provenir le son qui résonnait dans la maison sombre au lever du jour. C'était la terrible voix articulée de l'homme ; et c'était quelque chose de pire, car il savait quel homme.

Il savait aussi que c'était un appel à l'aide. Il lui sembla avoir entendu le mot même ; mais le mot, si court qu'il fût, avait été englouti, comme si l'homme avait été étouffé ou arraché au moment même où il parlait. Seules les réverbérations moqueuses de cette voix restaient dans sa mémoire, mais il n'avait aucun doute sur la voix originale. Il n'avait aucun doute que la grande voix de taureau de Francis Bray, le baron Bulmer, avait été entendue pour la dernière fois entre l'obscurité et l'aube.

Combien de temps il resta là, il ne le savait jamais, mais il fut surpris par le premier être vivant qu'il vit remuer dans ce paysage à moitié gelé. Le long du chemin au bord du lac, et immédiatement sous sa fenêtre, une silhouette marchait lentement et doucement, mais avec un grand calme – une silhouette majestueuse vêtue de robes d'un splendide écarlate ; c'était le prince italien, toujours dans son costume de cardinal. La plupart des membres de la compagnie avaient en effet vécu dans leurs costumes depuis un jour ou deux, et Fisher lui-même avait pris sa robe de sac comme robe de chambre commode ; mais il semblait néanmoins avoir quelque chose d'inhabituellement fini et formel, à la manière d'un lève-tôt, chez ce magnifique cacatoès rouge. C'était comme si le lève-tôt s'était réveillé toute la nuit.

"Quel est le problème?" » cria-t-il brusquement en se penchant à la fenêtre, et l'Italien retroussa sa grande face jaune comme un masque d'airain.

"Nous ferions mieux d'en discuter en bas", a déclaré le prince Borodino.

Fisher descendit les escaliers en courant et rencontra la grande silhouette en robe rouge entrant dans l'embrasure de la porte et bloquant l'entrée avec sa masse.

"Avez-vous entendu ce cri?" » demanda Fisher.

"J'ai entendu du bruit et je suis sorti", répondit le diplomate, et son visage était trop sombre dans l'ombre pour qu'on puisse lire son expression.

« C'était la voix de Bulmer », a insisté Fisher. "Je jurerais que c'était la voix de Bulmer."

« Le connaissiez-vous bien ? demanda l'autre.

La question semblait hors de propos, même si elle n'était pas illogique, et Fisher ne pouvait répondre que de manière aléatoire qu'il ne connaissait que très peu Lord Bulmer.

"Personne ne semble l'avoir bien connu", a poursuivi l'Italien, d'un ton égal. « Personne à part cet homme Brain. Brain est un peu plus âgé que Bulmer, mais j'imagine qu'ils partageaient pas mal de secrets.

Fisher bougea brusquement, comme s'il sortait d'une transe momentanée, et dit d'une voix nouvelle et plus vigoureuse : « Mais regarde ici, ne ferions-nous pas mieux de sortir et de voir si quelque chose s'est passé.

"La glace semble fondre", dit l'autre presque avec indifférence.

Lorsqu'ils sortirent de la maison, des taches sombres et des étoiles dans le champ gris de glace indiquaient en effet que le gel se dissolvait, comme leur hôte l'avait prophétisé la veille, et le souvenir même d'hier faisait ressurgir le mystère d'aujourd'hui. .

« Il savait qu'il y aurait un dégel », observa le prince. « Il est allé patiner assez tôt exprès. A-t-il crié parce qu'il a atterri dans l'eau, à votre avis ?

Fisher parut perplexe. « Bulmer a été le dernier homme à hurler ainsi parce qu'il avait mouillé ses bottes. Et c'est tout ce qu'il pouvait faire ici ; l'eau arrivait à peine jusqu'au mollet d'un homme de sa taille. Vous pouvez voir les herbes plates au fond du lac, comme si c'était à travers une fine vitre. Non, si Bulmer avait seulement brisé la glace, il n'aurait pas dit grand-chose pour le moment, même s'il en aurait peut-être beaucoup parlé par la suite. Nous aurions dû le trouver piétinant et damnant ce chemin, et appelant à des bottes propres.

« Espérons que nous le trouverons aussi heureusement employé », remarqua le diplomate. "Dans ce cas, la voix doit être sortie du bois."

« Je jurerais qu'il n'est pas sorti de la maison », a déclaré Fisher ; et tous deux disparurent ensemble dans le crépuscule des arbres hivernaux.

La plantation était sombre sur les couleurs flamboyantes du lever du soleil, une frange noire ayant cet aspect plumeux qui fait que les arbres lorsqu'ils sont nus sont tout le contraire d'arides. Des heures et des heures après, alors que la même marge dense, mais délicate, s'assombrissait sur les couleurs verdâtres opposées au coucher du soleil, la recherche ainsi commencée au lever du soleil n'avait pas abouti. Par étapes successives et au fur et à mesure que les groupes de la compagnie se rassemblaient lentement, il devint évident que la plus extraordinaire de toutes les lacunes était apparue dans le parti ; les invités ne trouvèrent nulle part trace de leur hôte. Les domestiques rapportèrent que son lit avait été dormi et que ses patins et son costume de fantaisie avaient disparu, comme s'il s'était levé tôt dans le but qu'il s'était lui-même avoué. Mais du haut jusqu'en bas de la maison, depuis les murs qui entouraient le parc jusqu'à l'étang au centre, il n'y avait aucune trace de Lord Bulmer, mort ou vivant. Horne Fisher s'est rendu compte qu'une prémonition effrayante l'avait déjà empêché de espérer retrouver l'homme vivant. Mais son front chauve était plissé à cause d'un problème entièrement nouveau et contre nature : ne pas trouver l'homme du tout.

Il envisagea la possibilité que Bulmer soit parti de son propre chef, pour une raison quelconque ; mais après l'avoir bien pesé, il l'a finalement rejeté. Cela était incompatible avec la voix indubitable entendue à l'aube et avec de nombreux autres obstacles pratiques. Il n'y avait qu'une seule porte dans l'ancienne et haute muraille qui entourait le petit parc ; le gardien de la loge l'a gardé fermé à clé jusqu'à tard dans la matinée, et le gardien de la loge n'avait vu personne passer. Fisher était presque sûr d'avoir devant lui un problème mathématique dans un espace clos . Son instinct avait été dès le début si sensible à la tragédie qu'il eût été presque un soulagement pour lui de retrouver le cadavre. Il aurait été attristé, mais non horrifié, de voir le corps du noble pendu à l'un de ses propres arbres comme à un gibet, ou flottant dans sa propre piscine comme une herbe pâle. Ce qui l'horrifiait, c'était de ne rien trouver.

Il prend vite conscience qu'il n'est pas seul, même dans ses expériences les plus individuelles et isolées. Il trouvait souvent une silhouette qui le suivait comme son ombre, dans les clairières silencieuses et presque secrètes de la plantation ou dans les coins et recoins du vieux mur. La bouche à moustaches sombres était aussi muette que les yeux profonds étaient mobiles, se précipitant sans cesse ici et là, mais il était clair que Brain, de la police indienne, avait repris la piste comme un vieux chasseur après un tigre. Étant donné qu'il était le seul ami personnel de l'homme disparu, cela semblait assez naturel, et Fisher résolut de traiter franchement avec lui.

"Ce silence est plutôt une tension sociale", a-t-il déclaré. « Puis-je briser la glace en parlant de la météo ? — qui, d'ailleurs, a déjà brisé la glace. Je sais que briser la glace pourrait être une métaphore plutôt mélancolique dans ce cas.

"Je ne pense pas", répondit brièvement Brain. « Je ne pense pas que la glace ait grand-chose à voir avec ça. Je ne vois pas comment cela pourrait être possible.

« Que proposeriez-vous de faire ? » » demanda Fisher.

"Eh bien, nous avons bien sûr fait venir les autorités, mais j'espère savoir quelque chose avant qu'elles n'arrivent", répondit l'Anglo-Indien. « Je ne peux pas dire que j'ai beaucoup d'espoir dans les méthodes policières de ce pays. Trop de bureaucratie, d'habeas corpus et ce genre de choses. Ce que nous voulons, c'est que personne ne s'enfuie ; le mieux que nous pourrions y parvenir serait de rassembler la compagnie et de la compter, pour ainsi dire. Personne n'est parti ces derniers temps, sauf cet avocat qui cherchait des antiquités.

« Oh, il n'en a plus ; il est parti hier soir, répondit l'autre. "Huit heures après que le chauffeur de Bulmer ait accompagné son avocat près du train , j'ai entendu la voix de Bulmer aussi clairement que j'entends la vôtre maintenant."

« Je suppose que vous ne croyez pas aux esprits ? dit l'homme indien. Après une pause, il ajouta : « Il y a quelqu'un d'autre que j'aimerais trouver, avant de nous lancer à la poursuite d'un type ayant un alibi dans le Temple Intérieur. Qu'est devenu ce type en vert, l'architecte déguisé en forestier ? Je ne l' ai pas vu.

M. Brain a réussi à sécuriser son rassemblement de toute la compagnie distraite avant l'arrivée de la police. Mais lorsqu'il recommença à commenter le retard du jeune architecte à se présenter, il se trouva en présence d'un petit mystère et d'un développement psychologique d'une nature tout à fait inattendue.

Juliet Bray avait affronté la catastrophe de la disparition de son frère avec un sombre stoïcisme où il y avait peut-être plus de paralysie que de douleur ; mais quand l'autre question refit surface, elle fut à la fois agitée et en colère.

« Nous ne voulons tirer aucune conclusion hâtive sur qui que ce soit », disait Brain dans son style saccadé. « Mais nous aimerions en savoir un peu plus sur M. Crane. Personne ne semble savoir grand-chose de lui ni d'où il vient. Et il semble que ce soit une sorte de coïncidence si hier il a croisé le fer avec le pauvre Bulmer et aurait pu le coincer aussi, puisqu'il s'est montré le meilleur épéiste. Bien sûr, cela peut être un accident et ne peut en aucun cas être qualifié de plainte contre qui que ce soit ; mais nous n'avons pas les moyens de porter plainte contre qui que ce soit. En attendant l'arrivée de la police, nous ne sommes qu'une meute de détectives très amateurs.

"Et je pense que vous êtes une bande de snobs", a déclaré Juliet. « Parce que M. Crane est un génie qui a fait son chemin, vous essayez de suggérer qu'il est un meurtrier sans oser le dire. Parce qu'il portait une épée-jouet et qu'il savait comment l'utiliser, vous voulez nous faire croire qu'il l'a utilisée comme un maniaque assoiffé de sang sans aucune raison au monde. Et comme il aurait pu frapper mon frère et ne l'a pas fait, vous en déduisez qu'il l'a fait. C'est le genre de façon dont vous argumentez. Et quant à sa disparition, vous avez tort en cela comme en tout le reste, car le voici.

En effet, la silhouette verte du Robin des Bois fictif se détachait lentement du fond gris des arbres et s'approchait d'eux tout en parlant.

Il s'approcha du groupe lentement, mais avec sang-froid ; mais il était décidément pâle, et les yeux de Brain et de Fisher avaient déjà aperçu un détail de la silhouette vêtue de vert plus clairement que tous les autres. La corne pendait toujours à son baudrier, mais l'épée avait disparu.

A la grande surprise de l'entreprise, Brain n'a pas donné suite à la question ainsi suggérée ; mais, tout en gardant l'air de diriger l'enquête, il avait aussi l'air de changer de sujet.

« Maintenant que nous sommes tous réunis, observa-t-il doucement, il y a une question que je veux poser pour commencer. Est-ce que quelqu'un ici a réellement vu Lord Bulmer ce matin ?

Leonard Crane tourna son visage pâle autour du cercle de visages jusqu'à ce qu'il arrive chez Juliet ; puis il serra un peu les lèvres et dit :

"Oui, je l'ai vu."

« Était-il bien vivant ? » demanda Brain rapidement. « Comment était-il habillé ? »

"Il avait l'air extrêmement bien", répondit Crane avec une intonation curieuse. « Il était habillé comme hier, de ce costume pourpre copié du portrait de son ancêtre au XVIe siècle. Il avait ses patins à la main.

"Et son épée au côté, je suppose", a ajouté l'interrogateur. « Où est votre propre épée, M. Crane ?

"Je l'ai jeté."

Dans le silence singulier qui s'ensuivit, le cheminement des pensées de nombreux esprits se transforma involontairement en une série d'images colorées.

Ils s'étaient habitués à ce que leurs vêtements fantaisistes paraissent plus gais et plus magnifiques sur le gris foncé et l'argent strié de la forêt, de sorte que les personnages en mouvement brillaient comme des saints en vitrail marchant. L'effet avait été plus approprié car beaucoup d'entre eux avaient parodié paresseusement les vêtements pontificaux ou monastiques. Mais l'attitude la plus frappante qui restait dans leur mémoire était tout sauf simplement monastique ; celui du moment où la figure en vert vif et l'autre en violet vif avaient un instant fait une croix d'argent de leurs épées croisées. Même lorsqu'il s'agissait d'une plaisanterie, cela ressemblait à un drame ; et c'était une pensée étrange et sinistre que, dans l'aube grise, les mêmes personnages dans la même posture auraient pu se répéter comme une tragédie.

« Vous êtes-vous disputé avec lui ? » demanda soudain Brain.

"Oui", répondit l'homme immobile en vert. "Ou il s'est disputé avec moi."

"Pourquoi s'est-il disputé avec toi?" » demanda l'enquêteur ; et Leonard Crane ne répondit rien.

Curieusement, Horne Fisher n'avait accordé qu'à moitié son attention à ce contre-interrogatoire crucial. Ses yeux aux paupières lourdes avaient suivi paresseusement la silhouette du prince Borodino, qui s'était alors éloigné vers la lisière du bois ; et, après une pause, comme une méditation, il avait disparu dans l'obscurité des arbres.

Il fut rappelé de son inutilité par la voix de Juliet Bray, qui résonnait avec une toute nouvelle note de décision :

« Si telle est la difficulté, il vaut mieux la résoudre. Je suis fiancée à M. Crane, et quand nous l'avons dit à mon frère, il ne l'a pas approuvé ; c'est tout."

Ni Brain ni Fisher ne manifestèrent de surprise, mais le premier ajouta doucement :

« Sauf, je suppose, que lui et votre frère sont allés dans le bois pour en discuter, où M. Crane a égaré son épée, sans parler de son compagnon.

« Et puis-je demander, » demanda Crane avec une certaine lueur de moquerie passant sur ses traits pâles, « qu'est-ce que je suis censé avoir fait de l'un ou l'autre ? Adoptons la joyeuse thèse que je suis un meurtrier ; il n'a pas encore été démontré que je suis un magicien. Si j'ai fait passer votre malheureux ami à travers le corps, qu'ai-je fait du corps ? L'ai-je fait emporter par sept dragons volants, ou s'agissait-il simplement d'une simple biche blanche comme du lait ?

« Ce n'est pas une raison pour ricaner », dit le juge anglo-indien avec une autorité brusque. "Cela ne vous donne pas une meilleure apparence que vous puissiez plaisanter sur la perte."

L'œil rêveur, et même morne, de Fisher était toujours fixé sur la lisière du bois derrière lui, et il devint conscient de masses de rouge foncé, comme un nuage orageux au coucher du soleil, brillant à travers le réseau gris des arbres minces, et du prince dans son costume de cardinal. des robes réapparurent sur le chemin. Brain avait eu l'idée que le prince était peut-être parti à la recherche de la rapière perdue. Mais lorsqu'il reparut , il portait à la main, non pas une épée, mais une hache.

L'incongruité entre la mascarade et le mystère avait créé une curieuse atmosphère psychologique. Au début , ils avaient tous eu horriblement honte d'être surpris sous les ridicules déguisements d'une fête, par un événement qui n'avait que trop le caractère d'un enterrement. Beaucoup d'entre eux seraient déjà revenus et s'habilleraient avec des vêtements plus funèbres ou du moins plus formels. Mais d'une manière ou d'une autre, à ce moment-là, cela ressemblait à une seconde mascarade, plus artificielle et frivole que la première. Et tandis qu'ils s'accommodaient de leurs atours ridicules, une curieuse sensation était apparue chez certains d'entre eux, notamment chez les plus sensibles, comme Crane, Fisher et Juliet, mais dans une certaine mesure chez tout le monde sauf le pratique M. Brain. C'était presque comme s'ils étaient les fantômes de leurs propres ancêtres hantant cette forêt sombre et ce lac lugubre, et jouant un rôle ancien dont ils ne se souvenaient qu'à moitié. Les mouvements de ces personnages colorés semblaient signifier quelque chose qui avait été réglé depuis longtemps, comme une héraldique silencieuse. Les actes, les attitudes, les objets extérieurs étaient acceptés comme une allégorie même sans la clé ; et ils savaient quand une crise survenait, quand ils ne savaient pas de quoi il s'agissait. Et d'une manière ou d'une autre, ils savaient inconsciemment que toute l'histoire avait pris une tournure nouvelle et terrible, lorsqu'ils virent le prince se tenir dans la brèche des arbres décharnés, dans ses robes pourpres en colère et avec son visage baissé de bronze, tenant dans sa main un nouvelle forme de mort. Ils n'auraient pas pu donner de raison, mais les deux épées semblaient en effet être devenues des épées-jouets et toute leur histoire était brisée et jetée comme un jouet. Borodino ressemblait au Vieux Monde bourreau, vêtu d'un rouge terrible, et portant la hache pour l'exécution du criminel. Et le criminel n'était pas Crane.

M. Brain, de la police indienne, regardait fixement le nouvel objet, et il lui fallut un instant ou deux avant de parler, durement et presque d'une voix rauque.

"Qu'est-ce que tu fais avec ça?" Il a demandé. "On dirait que c'est un broyeur de bûcherons."

« Une association naturelle d'idées », observe Horne Fisher. « Si vous rencontrez un chat dans un bois , vous pensez que c'est un chat sauvage, même s'il vient peut-être de sortir du canapé du salon. En fait, je sais que ce n'est pas le broyeur du bûcheron. C'est le hachoir de cuisine, ou la hache à viande, ou quelque chose comme ça, que quelqu'un a jeté dans le bois. Je l'ai vu moi-même dans la cuisine lorsque je récupérais les sacs de pommes de terre avec lesquels j'ai reconstitué un ermite médiéval.

«Ce n'est pas tout de même sans intérêt», remarqua le prince en tendant l'instrument à Fisher, qui le prit et l'examina soigneusement. "Un couperet de boucher qui a fait le travail de boucher."

«C'était certainement l'instrument du crime», acquiesça Fisher à voix basse.

Brain fixait la lueur bleu terne de la tête de hache avec des yeux féroces et fascinés. «Je ne vous comprends pas», dit-il. "Il n'y a pas... il n'y a aucune marque dessus."

«Il n'a pas versé de sang», répondit Fisher, «mais il a néanmoins commis un crime. C'est aussi proche que le criminel s'est rapproché du crime lorsqu'il l'a commis.

"Que veux-tu dire?"

"Il n'était pas là quand il l'a fait", a expliqué Fisher. "C'est un pauvre type de meurtrier qui ne peut pas assassiner des gens quand il n'est pas là."

"Vous semblez parler simplement par souci de mystification", a déclaré Brain. « Si vous avez des conseils pratiques à donner, autant les rendre intelligibles. »

« Le seul conseil pratique que je puisse suggérer, » dit pensivement Fisher, « est une petite recherche sur la topographie et la nomenclature locales. On dit qu'il y avait un certain M. Prior qui possédait une ferme dans ce quartier. Je pense que quelques détails sur la vie domestique de feu M. Prior jetteraient la lumière sur cette terrible affaire.

"Et vous n'avez rien de plus immédiat que votre topographie à offrir", dit Brain avec un ricanement, "pour m'aider à venger mon ami ?"

"Eh bien", a déclaré Fisher, "je devrais découvrir la vérité sur le trou dans le mur."

* * *

Cette nuit-là, à la fin d'un crépuscule orageux et sous un fort vent d'ouest qui suivait le début des gelées, Leonard Crane se promenait dans une folle marche tournante autour du haut mur continu qui enfermait le petit bois. Il était animé par l'idée désespérée de résoudre lui-même l'énigme qui entachait sa réputation et menaçait déjà sa liberté. Les autorités policières, désormais chargées de l'enquête, ne l'avaient pas arrêté, mais il savait pertinemment que s'il tentait de s'éloigner, il serait immédiatement arrêté. Les allusions fragmentaires de Horne Fisher, bien qu'il ait refusé de les développer jusqu'à présent, avaient poussé le tempérament artistique de l'architecte à une sorte d'analyse sauvage, et il était résolu à lire le hiéroglyphe à l'envers et dans tous les sens jusqu'à ce qu'il ait un sens. Si c'était quelque chose lié à un trou dans le mur , il trouverait le trou dans le mur ; mais, en fait, il ne parvenait pas à trouver la moindre fissure dans le mur. Ses connaissances professionnelles lui indiquaient que la maçonnerie était d'une seule exécution et d'une seule date, et, à l'exception de l'entrée régulière, qui ne jetait aucune lumière sur le mystère, il ne trouva rien suggérant une sorte de cachette ou un moyen de s'échapper. Marcher sur un chemin étroit entre le mur sinueux et le virage sauvage vers l'est et balayer les arbres gris et plumeux, voir les lueurs changeantes d'un coucher de soleil perdu clignotant presque comme un éclair alors que les nuages de tempête traversaient le ciel et se mêlaient à la première faible lumière bleue. à partir d'une lune lentement renforcée derrière lui, il commença à sentir sa tête tourner tandis que ses talons tournaient encore et encore autour de la barrière aveugle récurrente. Il avait des pensées à la limite de la pensée ; il imagine une quatrième dimension qui était elle-même un trou pour cacher quoi que ce soit, pour tout voir sous un nouvel angle à partir d'une nouvelle fenêtre dans les sens ; ou d'une lumière et d'une transparence mystiques, comme les nouveaux rayons de la chimie, dans lesquels il pouvait voir le corps de Bulmer, horrible et éclatant, flottant dans un halo sinistre au-dessus des bois et du mur. Il était également hanté par l'allusion, qui semblait tout aussi horrifiante, que tout cela avait quelque chose à voir avec M. Prior. Il semblait même y avoir quelque chose d'effrayant dans le fait qu'on l'appelait toujours respectueusement M. Prior, et que c'était dans la vie domestique du fermier décédé qu'on lui avait demandé de chercher la graine de ces choses terribles. En fait, il avait constaté qu'aucune enquête locale n'avait révélé quoi que ce soit sur la famille Prior.

Le clair de lune s'était élargi et s'était éclairci, le vent avait chassé les nuages et s'était lui-même éteint par intermittence, lorsqu'il revint vers le lac artificiel devant la maison. Pour une raison quelconque, cela ressemblait à un lac très artificiel ; en effet, toute la scène ressemblait à un paysage classique avec une touche de Watteau ; la façade palladienne de la maison pâlit dans la lune, et le même argent touchant la nymphe de marbre très païenne et nue au milieu de l'étang. À sa grande surprise, il trouva une autre silhouette à côté de la statue, assise presque également immobile ; et le même crayon d'argent traçait le front ridé et le visage patient de Horne Fisher, toujours habillé en ermite et pratiquant apparemment une certaine solitude d'ermite. Néanmoins, il leva les yeux vers Leonard Crane et sourit, presque comme s'il s'y attendait.

« Écoutez, » dit Crane en se plantant devant lui, « pouvez-vous me parler de cette affaire ?

« Je devrai bientôt tout raconter à tout le monde », répondit Fisher, « mais je n'ai aucune objection à vous dire quelque chose d'abord. Mais pour commencer, veux-tu me dire quelque chose ? Que s'est-il réellement passé lorsque vous avez rencontré Bulmer ce matin ? Vous avez jeté votre épée, mais vous ne l'avez pas tué.

« Je ne l'ai pas tué parce que j'ai jeté mon épée », dit l'autre. "Je l'ai fait exprès, ou je ne suis pas sûr de ce qui aurait pu se passer."

Après une pause, il poursuivit doucement : « Feu Lord Bulmer était un gentleman très décontracté, extrêmement décontracté. Il était très sympathique avec ses inférieurs et faisait séjourner chez lui son avocat et son architecte pour toutes sortes de vacances et de divertissements. Mais il y avait une autre facette de lui, qu'ils ont découvert en essayant d'être ses égaux. Quand je lui ai dit que sa sœur et moi étions fiancés, il s'est produit quelque chose que je ne peux tout simplement pas et ne veux pas décrire. Cela me parut un monstrueux bouleversement de folie. Mais je suppose que la vérité est terriblement simple. Il existe une grossièreté de gentleman. Et c'est la chose la plus horrible de l'humanité.

"Je sais", a déclaré Fisher. "Les nobles de la Renaissance de l'époque Tudor étaient comme ça."

— C'est étrange que vous disiez cela, poursuivit Crane. « Car pendant que nous parlions, j'ai eu le sentiment curieux que nous répétions quelque scène du passé, et que j'étais en réalité un hors-la-loi, trouvé dans les bois comme Robin des Bois, et qu'il avait vraiment mis tous ses panaches et violet hors du cadre du portrait ancestral. Quoi qu'il en soit, c'était lui l'homme en possession, et il ne craignait ni Dieu ni ne regardait l'homme. Bien sûr, je l'ai défié et je suis parti. Je l'aurais vraiment tué si je ne m'étais pas éloigné.

"Oui", a déclaré Fisher en hochant la tête, "son ancêtre était en possession et il était en possession, et c'est la fin de l'histoire. Tout s'intègre. »

"Ça correspond à quoi ?" s'écria son compagnon avec une soudaine impatience. «Je n'arrive pas à comprendre cela. Vous me dites de chercher le secret dans le trou dans le mur, mais je ne trouve aucun trou dans le mur.

"Il n'y en a pas", a déclaré Fisher. "C'est le secret." Après avoir réfléchi un instant, il ajouta : « À moins que vous appeliez cela un trou dans le mur du monde. Regardez ici ; Je vous le dirai si vous le souhaitez, mais j'ai bien peur que cela implique une introduction. Vous devez comprendre l'une des ficelles de l'esprit moderne, une tendance à laquelle la plupart des gens obéissent sans s'en apercevoir. Dans le village ou dans la banlieue, il y a une auberge avec l'enseigne de Saint-Georges et le Dragon. Supposons maintenant que je dise à tout le monde que ce n'était qu'une corruption du roi George et du dragon. Des dizaines de personnes le croiraient, sans aucune enquête, avec le vague sentiment que c'est probable parce que prosaïque. Cela transforme quelque chose de romantique et de légendaire en quelque chose de récent et d'ordinaire. Et cela semble en quelque sorte rationnel, même si cela n'est pas étayé par la raison. Bien sûr, certaines personnes auraient le sentiment de se souvenir d'avoir vu Saint Georges dans de vieux films italiens et dans des romans français, mais bon nombre n'y penseraient pas du tout. Ils auraient simplement avalé leur scepticisme parce que c'était du scepticisme. L'intelligence moderne n'acceptera rien de l'autorité. Mais il acceptera n'importe quoi sans autorisation. C'est exactement ce qui s'est passé ici.

«Quand un critique ou autre a choisi de dire que Prior's Park n'était pas un prieuré, mais portait le nom d'un homme assez moderne nommé Prior, personne n'a vraiment testé la théorie. Il n'est jamais venu à l'esprit de quiconque répétait cette histoire de demander s'il existait *un* M. Prior, si quelqu'un l'avait déjà vu ou entendu parler de lui. En fait, c'était un prieuré et partageait le sort de la plupart des prieurés : c'est-à-dire que le gentleman Tudor aux plumes l'a simplement volé par la force brutale et l'a transformé en sa propre maison privée ; il a fait des choses pires, comme vous l'entendrez. Mais le point ici est que c'est ainsi que fonctionne l'astuce, et l'astuce fonctionne de la même manière dans l'autre partie du conte. Le nom de ce district est imprimé Holinwall sur toutes les meilleures cartes produites par les savants ; et ils font allusion à la légère, non sans sourire, au fait que cela a été prononcé Holiwell par le plus ignorant et le plus démodé des pauvres. Mais c'est mal orthographié et prononcé correctement.

«Voulez-vous dire,» demanda rapidement Crane, «qu'il y avait vraiment un puits?»

« Il y a un puits, dit Fisher, et la vérité est au fond. »

Tout en parlant, il tendit la main et désigna la nappe d'eau devant lui.

«Le puits se trouve quelque part sous cette eau», a-t-il déclaré, «et ce n'est pas la première tragédie qui y est liée. Le fondateur de cette maison a fait quelque chose que ses camarades voyous faisaient très rarement ; quelque chose qu'il fallait étouffer même dans l'anarchie du pillage des monastères. Le puits était lié aux miracles de quelque saint, et le dernier prieur qui le gardait était en quelque sorte un saint lui-même ; il ressemblait certainement à un martyr. Il défia le nouveau propriétaire et le défia de polluer les lieux, jusqu'à ce que le noble, furieux, le poignarda et jeta son corps dans le puits, où, après quatre cents ans, il a été suivi par un héritier de l'usurpateur, vêtu dans le même violet et parcourant le monde avec la même fierté.

« Mais comment se fait-il, demanda Crane, que Bulmer tombe pour la première fois à cet endroit précis ?

"Parce que la glace n'a été relâchée qu'à cet endroit particulier, par le seul homme qui le connaissait", répondit Horne Fisher. « Il a été fissuré délibérément, avec le hachoir de cuisine, à cet endroit spécial ; et j'ai moi-même entendu le martèlement et je ne l'ai pas compris. L'endroit avait été recouvert d'un lac artificiel, ne serait-ce que parce que toute la vérité devait être recouverte d'une légende artificielle. Mais ne voyez-vous pas que c'est exactement ce qu'auraient fait ces nobles païens, le profaner avec une sorte de déesse païenne, comme l'empereur romain construisit un temple à Vénus sur le Saint- Sépulcre . Mais la vérité pouvait encore être retrouvée, par tout homme érudit déterminé à la retrouver. Et cet homme était déterminé à le retrouver.

"Quel homme?" » demanda l'autre, avec une ombre de réponse en tête.

"Le seul homme qui a un alibi", a répondu Fisher. « James Haddow, l'avocat antiquaire, est parti la nuit précédant le décès, mais il a laissé cette étoile noire de la mort sur la glace. Il partit brusquement, après avoir proposé de rester ; probablement, je pense, après une vilaine scène avec Bulmer, lors de leur entretien juridique. Comme vous le savez vous-même, Bulmer pouvait donner à un homme le sentiment d'être meurtrier, et j'imagine plutôt que l'avocat avait lui-même des irrégularités à avouer et risquait d'être dénoncé par son client. Mais selon ma lecture de la nature humaine, un homme triche dans son métier, mais pas dans son passe-temps. Haddow était peut-être un avocat malhonnête, mais il ne pouvait s'empêcher d'être un honnête antiquaire. Lorsqu'il s'est mis sur la piste de la vérité sur le Puits sacré , il a dû la suivre ; il ne devait pas se laisser embobiner par des anecdotes de journaux sur M. Prior et un trou dans le mur ; il a tout découvert, jusqu'à l'emplacement exact du puits, et il a été récompensé, si le fait d'être un assassin à succès peut être considéré comme une récompense.

« Et comment avez-vous retrouvé la trace de toute cette histoire cachée ? demanda le jeune architecte.

Un nuage traversa le front de Horne Fisher. « J'en savais déjà trop, dit-il, et après tout, c'est honteux pour moi de parler à la légère du pauvre Bulmer, qui a payé son amende ; mais le reste d'entre nous ne l'a pas fait. J'ose dire que chaque cigare que je fume et chaque liqueur que je bois proviennent directement ou indirectement du harcèlement des lieux saints et de la persécution des pauvres. Après tout, il suffit de fouiller très peu dans le passé pour trouver ce trou dans le mur, cette grande brèche dans les défenses de l'histoire anglaise. Il se trouve juste sous la surface d'une mince feuille d'informations et d'instructions factices, tout comme le puits noir et taché de sang se trouve juste sous ce fond d'eau peu profonde et de mauvaises herbes plates. Oh, la glace est mince, mais elle supporte ; il est assez fort pour nous soutenir lorsque nous nous déguisons en moines et que nous dansons dessus, en moquerie du cher et pittoresque vieux Moyen Âge. Ils m'ont dit que je devais me déguiser ; j'ai donc mis des déguisements, selon mes goûts et mes fantaisies. J'ai mis le seul costume que je juge convenable à un homme qui a hérité de la position d'un gentleman, et pourtant n'a pas entièrement perdu les sentiments d'un tel.

En réponse à un regard interrogateur, il se leva d'un geste large et vers le bas.

« Un sac », dit-il ; "et je porterais aussi les cendres si elles restaient sur ma tête chauve."

VII. LE TEMPLE DU SILENCE

Harold March et les quelques personnes qui cultivaient l'amitié de Horne Fisher, surtout s'ils le voyaient quelque chose dans son propre environnement social, étaient conscients d'une certaine solitude dans sa sociabilité même. Ils semblaient toujours rencontrer ses proches et jamais sa famille. Il serait peut-être plus vrai de dire qu'ils ont vu une grande partie de sa famille et rien de sa maison. Ses cousins et ses relations s'étendaient comme un labyrinthe dans toute la classe dirigeante de Grande-Bretagne, et il semblait être en bons termes, ou du moins de bonne humeur, avec la plupart d'entre eux. Car Horne Fisher se distinguait par une curieuse information impersonnelle et un intérêt pour toutes sortes de sujets, de sorte qu'on pouvait parfois imaginer que sa culture, comme sa moustache claire et incolore et ses traits pâles et tombants, avait la nature neutre d'un caméléon. Quoi qu'il en soit, il pouvait toujours s'entendre avec les vice-rois, les ministres et tous les grands hommes responsables des grands ministères, et parler avec chacun d'eux de son propre sujet, de la branche d'études qui l'intéressait le plus sérieusement. Il pouvait ainsi s'entretenir avec le ministre de la Guerre des vers à soie, avec le ministre de l'Instruction publique des romans policiers, avec le ministre du Travail de l'émail de Limoges, et avec le ministre des Missions et du Progrès moral (si tel est son titre) de la pantomime. garçons des quatre dernières décennies. Et comme le premier était son cousin germain, le deuxième son cousin germain, le troisième son beau-frère et le quatrième son oncle par alliance, cette polyvalence conversationnelle servait certainement, dans un sens, à créer une famille heureuse. Mais March ne semblait jamais avoir un aperçu de cet intérieur domestique auquel les hommes des classes moyennes sont habitués dans leurs amitiés et qui est en effet le fondement de l'amitié, de l'amour et de tout le reste dans toute société saine et stable. Il se demandait si Horne Fisher était à la fois orphelin et enfant unique.

Ce fut donc avec une sorte de sursaut qu'il découvrit que Fisher avait un frère, beaucoup plus prospère et puissant que lui, mais à peine, pensa March, aussi divertissant. Sir Henry Harland Fisher, avec la moitié de l'alphabet après son nom, était quelque chose de bien plus formidable au ministère des Affaires étrangères que le ministre des Affaires étrangères. Apparemment, c'était une histoire de famille, après tout ; car il semblait qu'il y avait un autre frère, Ashton Fisher, en Inde, un peu plus formidable que le vice-roi. Sir Henry Fisher était une édition plus lourde, mais plus belle, de son frère, avec un front également chauve, mais beaucoup plus lisse . Il était très courtois, mais quelque peu condescendant, non seulement envers March, mais même, comme March le pensait, envers Horne Fisher également. Ce dernier monsieur, qui avait de nombreuses intuitions sur les pensées à moitié formées des autres, jeta lui-même un coup d'œil sur le sujet alors qu'ils quittaient la grande maison de Berkeley Square.

« Pourquoi, tu ne sais pas, observa-t-il doucement, que je suis le fou de la famille ?

« Ce doit être une famille intelligente », a déclaré Harold March en souriant.

«Très gracieusement exprimé», répondit Fisher; « C'est le meilleur d'avoir une formation littéraire. Eh bien, c'est peut-être exagéré de dire que je suis l'idiot de la famille. Il suffit de dire que je suis l'échec de la famille.

« Cela me semble bizarre que vous échouiez surtout », remarqua le journaliste. "Comme on dit aux examens, qu'est-ce que tu as échoué ?"

« La politique », répondit son ami. « J'ai été candidat au Parlement quand j'étais un jeune homme et j'y suis arrivé avec une énorme majorité, sous des acclamations bruyantes et sous la présidence de toute la ville. Depuis lors, bien sûr, je suis plutôt sous un nuage.»

« J'ai bien peur de ne pas bien comprendre le « bien sûr » », répondit March en riant.

« Cette partie-là ne vaut pas la peine d'être comprise », a déclaré Fisher. « Mais en fait, mon vieux, l'autre partie était plutôt étrange et intéressante. Tout un roman policier à sa manière, ainsi que la première leçon que j'ai eue sur ce dont est faite la politique moderne. Si tu veux, je te raconterai tout. Et ce qui suit, remanié de manière moins allusive et conversationnelle, est l'histoire qu'il a racontée.

Personne ayant eu le privilège, ces dernières années, de rencontrer Sir Henry Harland Fisher ne croirait qu'il s'était jamais appelé Harry. Mais en effet, il avait été assez enfantin quand il était enfant, et cette sérénité qui brillait sur lui tout au long de sa vie, et qui prenait maintenant la forme de la gravité, avait autrefois pris la forme de la gaieté. Ses amis auraient dit qu'il était d'autant plus mûr dans sa maturité qu'il avait été jeune dans sa jeunesse. Ses ennemis auraient dit qu'il était encore léger d'esprit, mais qu'il n'avait plus le cœur léger. Mais de toute façon, toute l'histoire que Horne Fisher avait à raconter découlait de l'accident qui avait fait du jeune Harry Fisher le secrétaire particulier de Lord Saltoun . D'où ses relations ultérieures avec le ministère des Affaires étrangères, qui lui étaient en effet venues comme une sorte d'héritage de sa seigneurie lorsque ce grand homme était le pouvoir derrière le trône. Ce n'est pas le lieu d'en dire beaucoup sur Saltoun , on savait peu de choses sur lui et il valait la peine d'en savoir. L'Angleterre a eu au moins trois ou quatre de ces hommes d'État secrets. Un régime politique aristocratique produit de temps en temps un aristocrate qui est aussi un accident, un homme intellectuel et perspicace, un Napoléon né dans la pourpre. Son vaste œuvre était pour l'essentiel invisible et on ne pouvait en tirer que très peu de choses dans la vie privée, à l'exception d'un sens de l'humour croustillant et plutôt cynique. Mais ce fut certainement le hasard de sa présence à un dîner de famille des Pêcheurs et l'opinion inattendue qu'il exprima qui transformèrent ce qui aurait pu être une plaisanterie de table en une sorte de petit roman à sensation.

À l'exception de Lord Saltoun , c'était une fête de famille de pêcheurs, car le seul autre étranger distingué venait de partir après le dîner, laissant le reste à leur café et à leurs cigares. Il s'agissait d'un personnage assez intéressant : un jeune homme de Cambridge nommé Eric Hughes, qui était l'espoir naissant du parti réformiste, auquel la famille Fisher, ainsi que leur ami Saltoun , étaient depuis longtemps au moins formellement attachés. La personnalité de Hughes se résumait en grande partie dans le fait qu'il parlait avec éloquence et sérieux tout au long du dîner, mais qu'il partait immédiatement après pour être à temps pour un rendez-vous. Toutes ses actions avaient quelque chose à la fois d'ambition et de conscience ; il ne buvait pas de vin, mais était légèrement enivré de paroles. Et son visage et ses phrases faisaient à ce moment-là la une de tous les journaux, parce qu'il briguait le siège sûr de Sir Francis Verner lors de la grande élection partielle dans l'Ouest. Tout le monde parlait du puissant discours contre la squirarchie qu'il venait de prononcer ; même dans le cercle Fisher, tout le monde en parlait, sauf Horne Fisher lui-même, assis dans un coin, penché au-dessus du feu.

"Nous devons le remercier d'avoir donné un nouveau souffle à l'ancien parti", disait Ashton Fisher. « Cette campagne contre les vieux châtelains atteint tout simplement le degré de démocratie qui existe dans ce comté. Cette loi visant à étendre le contrôle des conseils de comté est pratiquement son projet de loi ; on peut donc dire qu'il est au gouvernement avant même d'être à la Chambre.

"L'un est plus facile que l'autre," dit Harry négligemment. « Je parie que le châtelain représente une fortune plus importante que le conseil départemental de ce comté. Verner est plutôt bien enraciné ; toutes ces zones rurales sont ce que vous appelez réactionnaires. Les aristocrates accablants n'y changeront rien.

« Il les damne plutôt bien », observa Ashton. « Nous n'avons jamais eu de meilleure réunion que celle de Barkington , qui devient généralement constitutionnelle. Et quand il a dit : « Sir Francis peut se vanter d'avoir du sang bleu ; Montrons que nous avons du sang rouge », et a continué en parlant de virilité et de liberté, la salle s'est simplement levée vers lui.

"Il parle très bien", a déclaré Lord Saltoun d'un ton bourru, apportant sa seule contribution à la conversation jusqu'à présent.

Puis Horne Fisher, presque tout aussi silencieux, parla soudainement, sans quitter le feu des yeux maussades.

« Ce que je n'arrive pas à comprendre, dit-il, c'est pourquoi personne n'est jamais insulté pour la vraie raison. »

"Tiens!" remarqua Harry avec humour, "tu commences à le remarquer ?"

"Eh bien, prenez Verner", a poursuivi Horne Fisher. « Si nous voulons attaquer Verner, pourquoi ne pas l'attaquer ? Pourquoi le féliciter d'être un aristocrate réactionnaire romantique ? Qui est Verner ? D'où vient-il? Son nom semble vieux, mais je n'en ai jamais entendu parler auparavant, comme l'homme l'a dit à propos de la Crucifixion. Pourquoi parler de son sang bleu ? Son sang est peut-être jaune gamboge avec des taches vertes, pour autant que tout le monde le sache. Tout ce que nous savons, c'est que le vieux châtelain, Hawker, a épuisé son argent (et celui de sa seconde épouse, je suppose, car elle était assez riche) et a vendu le domaine à un homme nommé Verner. Dans quoi a-t-il gagné son argent ? Huile? Des contrats militaires ?

"Je ne sais pas", dit Saltoun en le regardant pensivement.

"C'est la première chose que je savais que tu ne savais pas," s'écria l'exubérant Harry.

« Et il y a bien plus encore », poursuivit Horne Fisher, qui semblait avoir soudainement retrouvé sa langue. « Si nous voulons que les gens de la campagne votent pour nous, pourquoi ne pas trouver quelqu'un qui ait une idée du pays ? Nous ne parlons pas aux gens de Threadneedle Street que de navets et de porcheries. Pourquoi parlons-nous aux habitants du Somerset de rien d'autre que des bidonvilles et du socialisme ? Pourquoi ne donnons-nous pas les terres du châtelain aux locataires du châtelain, au lieu de faire appel au conseil départemental ?

« Trois acres et une vache », s'écria Harry, émettant ce que les rapports parlementaires appellent une acclamation ironique.

«Oui», répondit obstinément son frère. « Ne pensez-vous pas que les ouvriers agricoles préféreraient avoir trois acres et une vache plutôt que trois acres de formulaires imprimés et un comité ? Pourquoi ne crée-t-on pas un parti politique fort, faisant appel aux vieilles traditions des petits propriétaires terriens ? Et pourquoi n'attaquent-ils pas des hommes comme Verner pour ce qu'ils sont, quelque chose d'aussi ancien et traditionnel qu'un trust pétrolier américain ?

"Tu ferais mieux de diriger la fête toi-même," rit Harry. " Ne pensez-vous pas que ce serait une plaisanterie, Lord Saltoun , de voir mon frère et ses joyeux compagnons, avec leurs arcs et leurs factures, marcher vers le Somerset tous en vert Lincoln au lieu de chapeaux Lincoln et Bennet ? "

«Non», répondit le vieux Saltoun , «je ne pense pas que ce serait une blague. Je pense que ce serait une idée extrêmement sérieuse et sensée.

"Eh bien, je suis excité!" s'écria Harry Fisher en le regardant. "Je viens de dire que c'était le premier fait que vous ne saviez pas, et je devrais dire que c'est la première blague que vous ne voyiez pas."

« J'ai vu bien des choses dans mon temps », dit le vieil homme de son air un peu aigre. « J'ai moi aussi raconté pas mal de mensonges au cours de ma vie, et peut-être en ai-je un peu marre. Mais il y a des mensonges et des mensonges, pour autant. Les messieurs mentaient comme les écoliers, parce qu'ils traînaient ensemble et en partie pour s'entraider. Mais je ne peux pas comprendre pourquoi nous devrions mentir pour ces caduques cosmopolites qui ne s'aident qu'elles-mêmes. Ils ne nous soutiennent plus ; ils nous évince simplement. Si un homme comme votre frère aime entrer au Parlement en tant que yeoman, gentleman, jacobite ou ancien Britannique, je dirais que ce serait une très bonne chose.

Dans le silence plutôt surpris qui suivit, Horne Fisher se leva d'un bond et toutes ses manières mornes disparurent de lui.

« Je suis prêt à le faire demain », s'écria-t-il. "Je suppose qu'aucun de vous ne me soutiendrait."

Puis Harry Fisher a montré le meilleur côté de son impétuosité. Il fit un mouvement brusque comme pour lui serrer la main.

« Vous êtes un sport, » dit-il, « et je vous soutiendrai, si personne d'autre ne le veut. Mais nous pouvons tous vous soutenir, n'est-ce pas ? Je vois ce que veut dire Lord Saltoun et, bien sûr, il a raison. Il a toujours raison.

« Je vais donc descendre dans le Somerset», dit Horne Fisher.

"Oui, il est en route vers Westminster", a déclaré Lord Saltoun avec un sourire.

C'est ainsi que Horne Fisher arriva quelques jours plus tard dans la petite gare d'un bourg assez isolé de l'ouest, accompagné d'une valise légère et d'un frère plein d'entrain. Il ne faut cependant pas croire que le ton joyeux du frère n'était que de la paille. Il a soutenu le nouveau candidat avec espoir et hilarité ; et derrière son partenariat bruyant, il y avait une sympathie et des encouragements croissants. Harry Fisher avait toujours eu de l'affection pour son frère plus calme et excentrique , et il avait maintenant de plus en plus de respect pour lui. À mesure que la campagne avançait, le respect se transformait en une ardente admiration. Car Harry était encore jeune et pouvait ressentir le genre d'enthousiasme pour son capitaine en campagne électorale qu'un écolier peut ressentir pour son capitaine en cricket.

Cette admiration n'était pas non plus imméritée. Au fur et à mesure que le nouveau concours à trois se développait, il est devenu évident pour d'autres que son parent dévoué qu'il y avait chez Horne Fisher plus que ce que l'on avait jamais vu. Il était clair que son éclat au coin du feu familial n'était que le point culminant d'une longue réflexion et étude sur la question. Le talent qu'il avait conservé toute sa vie pour étudier son sujet, et même celui de quelqu'un d'autre, avait longtemps été concentré sur cette idée de défendre une nouvelle paysannerie contre une nouvelle ploutocratie. Il s'adressait à la foule avec éloquence et répondait à un individu avec humour, deux arts politiques qui semblaient lui venir naturellement. Il en savait certainement beaucoup plus sur les problèmes ruraux que Hughes, le candidat réformiste, ou que Verner, le candidat constitutionnel. Et il a exploré ces problèmes avec une curiosité humaine et est allé sous la surface d'une manière qu'aucun d'eux n'avait imaginé faire. Il est rapidement devenu la voix de sentiments populaires que l'on ne retrouve jamais dans la presse populaire. De nouveaux angles de critique, des arguments qui n'avaient jamais été avancés par une voix instruite, des tests et des comparaisons qui n'avaient été faits qu'en dialecte par des hommes buvant dans les petits cabarets locaux, des métiers à moitié oubliés qui étaient tombés sous le signe de la main et de la langue. depuis les âges reculés où leurs pères étaient libres, tout cela créait une curieuse et double excitation. Cela a surpris les bien informés car il s'agissait d'une idée nouvelle et fantastique qu'ils n'avaient jamais rencontrée. Cela a surpris les ignorants car il s'agissait d'une idée ancienne et familière qu'ils n'auraient jamais pensé voir renaître. Les hommes voyaient les choses sous un jour nouveau et ne savaient même pas si c'était le coucher du soleil ou l'aube.

Les griefs pratiques étaient là pour rendre le mouvement formidable. Tandis que Fisher allait et venait parmi les cottages et les auberges de campagne, il se rendit compte sans difficulté que Sir Francis Verner était un très mauvais propriétaire. L'histoire de son acquisition de la terre n'était pas non plus plus ancienne et plus digne qu'il ne l'avait supposé ; l'histoire était bien connue dans le comté et, à bien des égards, était assez évidente. Hawker, le vieux châtelain, était une personne lâche et insatisfaisante, avait été en mauvais termes avec sa première femme (décédée, comme certains le disaient, de négligence), et avait ensuite épousé une juive sud-américaine tape-à-l'œil et possédant une fortune. Mais il avait dû aussi se frayer un chemin à travers cette fortune avec une rapidité merveilleuse, car il avait été contraint de vendre le domaine à Verner et était parti vivre en Amérique du Sud, peut-être dans les domaines de sa femme. Mais Fisher remarqua que le laxisme du vieux châtelain était bien moins détesté que l'efficacité du nouveau châtelain. L'histoire de Verner semblait être pleine de bonnes affaires et de fluctuations financières qui ont laissé les autres à court d'argent et de colère. Mais même s'il entendait beaucoup parler de Verner, il y avait une chose qui lui échappait continuellement ; quelque chose que personne ne savait, que même Saltoun ne savait pas. Il ne parvenait pas à savoir comment Verner avait initialement gagné son argent.

« Il a dû le garder particulièrement sombre », se dit Horne Fisher. « Cela doit être quelque chose dont il a vraiment honte. Se débarrasser de! *de* quoi un homme a-t-il honte aujourd'hui ?

Et tandis qu'il réfléchissait aux possibilités , celles-ci devenaient plus sombres et plus déformées dans son esprit ; il pensait vaguement à des choses lointaines et répugnantes, à d'étranges formes d'esclavage ou de sorcellerie, puis à des choses laides encore plus contre nature mais plus proches de chez elles. La figure de Verner semblait noircie et transfigurée dans son imagination, se dressant sur des fonds variés et des cieux étranges.

Alors qu'il parcourait les rues d'un village, méditant ainsi, ses yeux rencontrèrent un contraste complet avec celui de son autre rival, le candidat réformiste. Eric Hughes, avec ses cheveux blonds coiffés et son visage d'étudiant enthousiaste, était sur le point de monter dans sa voiture et de dire quelques derniers mots à son agent, un homme robuste et grisonnant nommé Gryce . Eric Hughes agita la main d'une manière amicale ; mais Gryce le regardait avec une certaine hostilité. Eric Hughes était un jeune homme véritablement passionné par la politique, mais il savait que les opposants politiques sont des gens avec qui il peut être nécessaire de dîner à tout moment. Mais M. Gryce était un petit radical local sinistre, un champion de la chapelle et un de ces gens heureux dont le travail est aussi leur passe-temps. Il tourna le dos tandis que l'automobile s'éloignait et remonta d'un pas vif la rue principale ensoleillée de la petite ville, en sifflotant, des papiers politiques sortant de sa poche.

Fisher regarda pensivement la silhouette résolue pendant un moment, puis, comme par impulsion, il commença à la suivre. A travers la place du marché animée, au milieu des paniers et des brouettes du jour du marché, sous l'enseigne en bois peinte du Dragon Vert, jusqu'à une entrée latérale sombre, sous une arche, et à travers un enchevêtrement de rues pavées tortueuses, les deux hommes se frayèrent un chemin, le la silhouette carrée et se pavanant devant et la silhouette maigre et allongée derrière lui, comme son ombre au soleil. Enfin, ils arrivèrent à une maison en briques brunes avec une plaque de laiton sur laquelle était le nom de M. Gryce , et cet individu se retourna et vit son poursuivant avec un regard fixe.

« Puis-je vous parler, monsieur ? » demanda poliment Horne Fisher. L'agent le regarda encore plus, mais acquiesça poliment, et conduisit l'autre dans un bureau jonché de tracts et accroché tout autour d'affiches très colorées qui liaient le nom de Hughes à tous les intérêts supérieurs de l'humanité.

"M. Horne Fisher, je crois », a déclaré M. Gryce . « Très honoré par cet appel, bien sûr. Je ne peux pas prétendre vous féliciter d'avoir participé au concours, j'en ai bien peur ; vous ne vous y attendrez pas. Ici, nous avons fait flotter le vieux drapeau de la liberté et de la réforme, et vous entrez et brisez la ligne de bataille.»

Car M. Elijah Gryce abondait en métaphores militaires et en dénonciations du militarisme. C'était un homme à la mâchoire carrée, aux traits arrondis et au sourcil pugnace. Il avait été baigné dans la politique de cette campagne dès son enfance, il connaissait les secrets de tout le monde et la campagne électorale était le roman de sa vie.

« Je suppose que vous pensez que je suis dévoré d'ambition », a déclaré Horne Fisher, de sa voix plutôt apathique, « visant une dictature et tout ça. Eh bien, je pense que je peux me débarrasser de l'accusation de simple ambition égoïste. Je veux seulement que certaines choses soient faites. Je ne veux pas les faire. J'ai très rarement envie de faire quoi que ce soit. Et je suis venu ici pour vous dire que je suis tout à fait disposé à me retirer du concours si vous parvenez à me convaincre que nous voulons vraiment faire la même chose.

L'agent du Parti réformiste le regarda avec une expression étrange et légèrement perplexe, et avant qu'il ait pu répondre, Fisher reprit sur le même ton égal :

« Vous auriez peine à le croire, mais je garde une conscience cachée à mon sujet ; et j'ai des doutes sur plusieurs choses. Par exemple, nous voulons tous les deux chasser Verner du Parlement, mais quelle arme devons-nous utiliser ? J'ai entendu beaucoup de ragots contre lui, mais est-il juste d'agir sur la base de simples ragots ? Tout comme je veux être juste envers toi, je veux être juste envers lui. Si certaines des choses que j'ai entendues sont vraies, il devrait être expulsé du Parlement et de tous les autres clubs de Londres. Mais je ne veux pas l'exclure du Parlement si ces informations sont fausses.»

À ce stade, la lumière de la bataille jaillit dans les yeux de M. Gryce et il devint volubile, pour ne pas dire violent. En tout cas, il n'avait aucun doute sur la véracité de ces histoires ; il pouvait témoigner, à sa connaissance, qu'elles étaient vraies. Verner n'était pas seulement un propriétaire dur, mais un propriétaire méchant, un voleur autant qu'un locataire ; n'importe quel gentleman aurait raison de le traquer. Il avait escroqué le vieux Wilkins de sa propriété grâce à une ruse digne d'un pickpocket ; il avait conduit la vieille mère Biddle au workhouse ; il avait étendu la loi contre Long Adam, le braconnier, jusqu'à ce que tous les magistrats aient honte de lui.

« Donc , si vous voulez servir sous l'ancienne bannière, conclut M. Gryce avec plus de cordialité, et que vous deveniez un tyran escroc comme celui-là, je suis sûr que vous ne le regretterez jamais. »

"Et si c'est la vérité", a déclaré Horne Fisher, "allez-vous le dire ?"

"Que veux-tu dire? Dire la vérité?" » demanda Gryce .

"Je veux dire que vous allez dire la vérité comme vous venez de la dire ", a répondu Fisher. « Vous allez placarder cette ville avec la méchanceté envers le vieux Wilkins. Vous allez remplir les journaux de la tristement célèbre histoire de Mme Biddle. Vous allez dénoncer Verner depuis une tribune publique, en le nommant pour ce qu'il a fait et en nommant le braconnier à qui il l'a fait. Et vous allez découvrir par quel métier cet homme a gagné l'argent avec lequel il a acheté le domaine ; et quand vous connaîtrez la vérité, comme je l'ai déjà dit, bien sûr vous la direz. À ces conditions, je me place sous l'ancien drapeau, comme vous l'appelez, et je hisse mon petit fanion.

L'agent le regardait avec une expression curieuse, bourrue mais pas totalement antipathique. « Eh bien, » dit-il lentement, « vous devez faire ces choses de manière régulière, vous savez, sinon les gens ne comprennent pas. J'ai eu beaucoup d'expérience et j'ai peur que ce que vous dites ne suffise pas. Les gens comprennent les insultes envers les écuyers d'une manière générale, mais ces personnalités ne sont pas considérées comme fair-play. On dirait que je frappe en dessous de la ceinture.

"Le vieux Wilkins n'a pas de ceinture, je suppose", répondit Horne Fisher. « Verner peut le frapper de toute façon, et personne ne doit dire un mot. Il est évidemment très important d'avoir une ceinture. Mais apparemment, il faut être assez haut placé dans la société pour en avoir un. Peut-être, ajouta-t-il pensivement , peut-être l'explication de l'expression « un comte ceinturé », dont le sens m'a toujours échappé.

"Je veux dire, ces personnalités ne feront pas l'affaire", répondit Gryce en fronçant les sourcils devant la table.

"Et Mère Biddle et Long Adam, le braconnier, ne sont pas des personnalités", a déclaré Fisher, "et supposons que nous ne devons pas nous demander comment Verner a gagné tout l'argent qui lui a permis de devenir… une personnalité."

Gryce le regardait toujours en fronçant les sourcils, mais la lumière singulière dans ses yeux s'était éclairée. Enfin il dit, d' une autre voix, beaucoup plus calme :

« Regardez ici, monsieur. Je t'aime bien, si ça ne te dérange pas que je le dise. Je pense que vous êtes vraiment du côté du peuple et je suis sûr que vous êtes un homme courageux. Beaucoup plus courageux que vous ne le pensez, peut-être. Nous n'osons pas toucher à ce que vous proposez avec une perche de barge ; et loin de vous vouloir dans l'ancien parti, nous préférons que vous couriez vos propres risques par vous-même. Mais parce que je t'aime et que je respecte ton courage, je te rendrai un bon service avant de nous séparer. Je ne veux pas que vous perdiez du temps à aboyer sur le mauvais arbre. Vous parlez de la façon dont le nouveau châtelain a obtenu l'argent nécessaire pour acheter, et de la ruine du vieux châtelain, et de tout le reste. Eh bien, je vais vous donner un indice à ce sujet, un indice sur quelque chose de précieux que peu de gens connaissent.

«Je suis très reconnaissant», dit gravement Fisher. "Qu'est-ce que c'est?"

"C'est en deux mots", dit l'autre. « Le nouvel écuyer était assez pauvre lorsqu'il a acheté. Le vieux châtelain était très riche lorsqu'il a vendu.

Horne Fisher le regarda pensivement alors qu'il se détournait brusquement et s'occupait des papiers sur son bureau. Puis Fisher prononça une courte phrase de remerciement et d'adieu et sortit dans la rue, toujours très pensif.

Sa réflexion sembla se terminer par une résolution, et, reprenant un pas plus rapide, il quitta la petite ville par une route qui menait à la porte du grand parc, la résidence de campagne de Sir Francis Verner. Un éclat de soleil faisait ressembler le début de l'hiver à une fin d'automne, et les bois sombres étaient touchés ici et là de feuilles rouges et dorées, comme les derniers rayons d'un coucher de soleil perdu. D'une partie plus élevée de la route , il avait vu la longue façade classique de la grande maison avec ses nombreuses fenêtres, presque immédiatement en dessous de lui, mais lorsque la route descendait sous le mur du domaine, surmonté d'arbres imposants derrière, il réalisa qu'il y avait un demi-mile à la ronde jusqu'aux portes du lodge. Cependant, après avoir marché quelques minutes le long de la ruelle, il arriva à un endroit où le mur était fissuré et était en cours de réparation. En l'état, il y avait une grande brèche dans la maçonnerie grise qui paraissait d'abord aussi noire qu'une caverne et ne laissait voir au second coup d'œil que le crépuscule des arbres scintillants. Il y avait quelque chose de fascinant dans cette porte inattendue, comme l'ouverture d'un conte de fées.

Horne Fisher avait en lui quelque chose de l'aristocrate, qui est très proche de l'anarchiste. C'était caractéristique de lui qu'il se dirige vers cette entrée sombre et irrégulière avec autant de désinvolture que vers sa propre porte d'entrée, pensant simplement que ce serait un raccourci vers la maison. Il se fraya un chemin à travers les bois sombres sur une certaine distance et avec quelques difficultés, jusqu'à ce qu'une lumière uniforme, en lignes argentées, commence à briller à travers les arbres, qu'il ne comprit pas d'abord. L'instant d'après, il était apparu à la lumière du jour au sommet d'une berge escarpée, au bas de laquelle un sentier contournait le bord d'un grand lac ornemental.

La nappe d'eau qu'il avait vue scintiller à travers les arbres était d'une étendue considérable, mais elle était entourée de tous côtés par des bois non seulement sombres, mais résolument lugubres. À une extrémité du chemin se trouvait une statue classique d'une nymphe sans nom, et à l'autre extrémité, elle était flanquée de deux urnes classiques ; mais le marbre était taché par les intempéries et strié de vert et de gris. Une centaine d'autres panneaux, plus petits mais plus significatifs, lui indiquaient qu'il était arrivé dans un coin du terrain, négligé et rarement visité. Au milieu du lac se trouvait ce qui semblait être une île, et sur cette île ce qui semblait être un temple classique, non pas ouvert comme un temple des vents, mais avec un mur blanc entre ses piliers doriques. Nous pouvons dire que cela ressemblait seulement à une île, parce qu'un deuxième coup d'œil révélait une chaussée basse de pierres plates qui y remontait depuis le rivage et la transformait en péninsule. Et cela ressemblait certainement à un temple, car personne ne savait mieux que Horne Fisher qu'aucun dieu n'avait jamais habité dans ce sanctuaire .

«C'est ce qui rend tout ce jardinage paysager classique si désolé», se dit-il. « Plus désolé que Stonehenge ou les Pyramides. Nous ne croyons pas à la mythologie égyptienne, mais les Égyptiens y croyaient ; et je suppose que même les druides croyaient au druidisme. Mais le monsieur du XVIIIe siècle qui a construit ces temples ne croyait pas plus que nous à Vénus ou à Mercure ; c'est pourquoi le reflet de ces piliers pâles dans le lac n'est véritablement que l'ombre d'une ombre. C'étaient des hommes de l'âge de Raison ; eux, qui remplissaient leurs jardins de ces nymphes de pierre, avaient moins d'espoir que n'importe quel homme de toute l'histoire de réellement rencontrer une nymphe dans la forêt.

Son monologue s'arrêta brusquement avec un bruit aigu comme un coup de tonnerre qui roulait en échos mornes autour de la triste maison. Il comprit immédiatement de quoi il s'agissait : quelqu'un avait tiré avec une arme à feu. Mais quant à la signification de cela, il fut momentanément stupéfait et d'étranges pensées se pressèrent dans son esprit. L'instant d'après, il a ri ; car il aperçut couché un peu au-dessous de lui, le long du chemin, l'oiseau mort que le coup de feu avait abattu.

Mais au même instant, il aperçut autre chose qui l'intéressait davantage. Un cercle d'arbres denses courait à l'arrière du temple insulaire, encadrant la façade de feuillage sombre, et il aurait juré avoir vu un mouvement comme si quelque chose bougeait parmi les feuilles. L'instant d'après, ses soupçons furent confirmés, car une silhouette plutôt dépenaillée sortit de l' ombre du temple et commença à se déplacer le long de la chaussée qui menait à la rive. Même à cette distance, la silhouette se distinguait par sa grande taille et Fisher pouvait voir que l'homme portait une arme sous le bras. Le nom de Long Adam, le braconnier, lui revint aussitôt en mémoire.

Avec un sens de stratégie rapide dont il faisait parfois preuve, Fisher sauta de la berge et courut autour du lac jusqu'à la tête de la petite jetée de pierres. Si un homme atteignait le continent, il pourrait facilement disparaître dans les bois. Mais lorsque Fisher commença à avancer le long des pierres vers l'île, l'homme se retrouva coincé dans une impasse et ne put que reculer vers le temple. Appuyant dessus ses larges épaules, il se tenait comme aux abois ; c'était un homme relativement jeune, avec des rides fines sur son visage et sa silhouette maigre et une tignasse de cheveux roux en lambeaux. Le regard dans ses yeux aurait très bien pu inquiéter quiconque restait seul avec lui sur une île au milieu d'un lac.

«Bonjour», dit agréablement Horne Fisher. « Au début, j'ai cru que tu étais un meurtrier. Mais il semble peu probable, d'une manière ou d'une autre, que la perdrix se soit précipitée entre nous et soit morte par amour pour moi, comme les héroïnes des romans ; donc je suppose que vous êtes un braconnier.

« Je suppose que vous me traiteriez de braconnier », répondit l'homme ; et sa voix était quelque peu surprenante venant d'un tel épouvantail ; il avait cette dure minutie qu'on trouve chez ceux qui ont lutté pour leur propre raffinement dans un environnement rude. «Je considère que j'ai parfaitement le droit de tirer sur le gibier dans cet endroit. Mais je sais bien que les gens de votre espèce me prennent pour un voleur, et je suppose que vous essaierez de m'envoyer en prison.

"Il y a des difficultés préliminaires", répondit Fisher. « Pour commencer, l'erreur est flatteuse, mais je ne suis pas un garde-chasse. Je suis encore moins trois gardes-chasse, qui seraient, j'imagine, à peu près de votre poids de combat. Mais j'avoue que j'ai une autre raison pour ne pas vouloir vous emprisonner.

"Et qu'est ce que c'est que ça?" demanda l'autre.

"Seulement cela, je suis tout à fait d'accord avec vous", répondit Fisher. « Je ne dis pas exactement que vous avez le droit de braconner, mais je n'ai jamais compris que c'était aussi mal que d'être un voleur. Il me semble contraire à la notion normale de propriété qu'un homme doive posséder quelque chose parce qu'il traverse son jardin. Il pourrait aussi bien posséder le vent, ou penser qu'il pourrait écrire son nom sur un nuage du matin. En outre, si nous voulons que les pauvres respectent la propriété , nous devons leur donner des biens à respecter. Vous devriez avoir votre propre terre ; et je vais vous en donner si je peux.

«Je vais me donner un terrain!» répéta Long Adam.

« Je m'excuse de m'adresser à vous comme si vous étiez dans une réunion publique », a déclaré Fisher, « mais je suis un tout nouveau type d'homme public qui dit la même chose en public et en privé. Je l'ai dit lors d'une centaine de grandes réunions à travers le pays, et je vous le dis sur cette étrange petite île au milieu de cet étang lugubre. Je diviserais un grand domaine comme celui-ci en petits domaines pour tout le monde, même pour les braconniers. Je ferais en Angleterre ce qu'ils ont fait en Irlande : racheter les grands hommes, si possible ; faites-les sortir, de toute façon. Un homme comme vous devrait avoir son propre petit appartement. Je ne dis pas qu'on peut élever des faisans, mais on peut élever des poules.

L'homme se raidit soudainement et il parut aussitôt pâlir et s'enflammer face à cette promesse comme s'il s'agissait d'une menace.

"Poulets!" répéta-t-il avec une passion de mépris.

"Pourquoi vous y opposez-vous?" » demanda le placide candidat. « Parce qu'élever des poules est plutôt un léger amusement pour un braconnier ? Et si on pochait des œufs ?

« Parce que je ne suis pas un braconnier », s'écria Adam d'une voix déchirante qui résonnait autour des sanctuaires creux et des urnes comme les échos de son fusil. « Parce que la perdrix morte là-bas, c'est ma perdrix. Parce que la terre sur laquelle vous vous trouvez est ma terre. Parce que ma propre terre ne m'a été enlevée que par un crime, et un crime pire que le braconnage. Cela fait des centaines et des centaines d'années qu'il s'agit d'un seul domaine, et si vous ou n'importe quel saltimbanque intrusif venez ici et parlez de le couper comme un gâteau, si jamais j'entends un mot de plus sur vous et vos mensonges niveleurs… »

« Vous semblez être un public plutôt turbulent, observa Horne Fisher, mais continuez. Que se passera-t-il si j'essaie de diviser décemment ce domaine entre des personnes honnêtes ?

Le braconnier avait retrouvé un sang-froid sombre en répondant. "Il n'y aura pas de perdrix qui se précipitera entre les deux."

Sur ce, il tourna le dos, visiblement résolu à ne rien dire de plus, et passa devant le temple jusqu'à l'extrémité de l'îlot, où il resta à regarder l'eau. Fisher le suivit mais, comme ses questions répétées n'évoquaient aucune réponse, il se tourna vers le rivage. Ce faisant, il examina de plus près le temple artificiel et remarqua quelques choses curieuses à son sujet. La plupart de ces objets théâtraux étaient aussi minces qu'un décor de théâtre, et il s'attendait à ce que le sanctuaire classique soit un objet peu profond, une simple coquille ou un masque. Mais il y en avait une masse substantielle derrière, enfouie dans les arbres, qui avaient un aspect gris et labyrinthique, comme des serpents de pierre, et soulevaient vers le ciel un chargement de tours feuillues. Mais ce qui attira l'attention de Fisher, c'est que, dans cette masse de pierre gris-blanche, il y avait derrière elle une seule porte avec de gros verrous rouillés à l'extérieur ; les boulons, cependant, n'étaient pas traversés de manière à le fixer. Puis il fit le tour du petit bâtiment et ne trouva d'autre ouverture qu'une petite grille semblable à un ventilateur, en haut du mur. Il revint pensivement sur ses pas le long de la chaussée jusqu'aux rives du lac et s'assit sur les marches de pierre entre les deux urnes funéraires sculptées. Puis il alluma une cigarette et la fuma à la manière d'un ruminant ; Finalement, il sortit un cahier et nota diverses phrases, les numérotant et les renumérotant jusqu'à ce qu'elles soient dans l'ordre suivant : « (1) Squire Hawker n'aimait pas sa première femme. (2) Il a épousé sa seconde femme pour son argent. (3) Long Adam dit que le domaine lui appartient réellement. (4) Long Adam entoure le temple insulaire, qui ressemble à une prison. (5) Squire Hawker n'était pas pauvre lorsqu'il a renoncé au domaine. (6) Verner était pauvre lorsqu'il a obtenu le domaine.

Il regarda ces billets avec une gravité qui se transforma peu à peu en un sourire dur, jeta sa cigarette et reprit sa recherche d'un raccourci pour rejoindre la grande maison. Il reprit bientôt le chemin qui, serpentant parmi les haies taillées et les parterres de fleurs, le menait devant sa longue façade palladienne. Elle avait l'apparence habituelle d'être, non pas une maison privée, mais une sorte d'édifice public envoyé en exil en province.

Il se trouva d'abord en présence du majordome, qui paraissait en réalité beaucoup plus vieux que le bâtiment, car l'architecture était datée du géorgien ; mais le visage de l'homme, sous une perruque brune très peu naturelle, était ridé par ce qui aurait pu durer des siècles. Seuls ses yeux proéminents étaient vivants et alertes, comme pour protester. Fisher lui jeta un coup d'œil, puis s'arrêta et dit :

"Excusez-moi. N'étiez-vous pas avec le défunt écuyer, M. Hawker ?

«Oui, monsieur», dit gravement l'homme. « Mon nom est Usher. Que puis-je faire pour vous?"

« Emmenez-moi seulement chez Sir Francis Verner », répondit le visiteur.

Sir Francis Verner était assis dans un fauteuil à côté d'une petite table dans une grande pièce tendue de tapisseries. Sur la table se trouvaient une petite fiole et un verre avec la lueur verte d'une liqueur et une tasse de café noir. Il était vêtu d'un costume gris discret avec une cravate violette modérément harmonieuse ; mais Fisher remarqua quelque chose dans la tournure de sa moustache blonde et dans la longueur de ses cheveux plats : cela révéla soudain qu'il s'appelait Franz Werner.

« Vous êtes M. Horne Fisher », dit-il. "Tu ne veux pas t'asseoir ?"

"Non, merci", répondit Fisher. « Je crains que ce ne soit pas une occasion amicale et je resterai debout. Peut-être savez-vous que je me présente déjà — en fait, je me présente au Parlement…

"Je suis conscient que nous sommes des opposants politiques", a répondu Verner en haussant les sourcils. « Mais je pense que ce serait mieux si nous combattions dans un esprit sportif ; dans un esprit de fair-play anglais.

"Bien mieux", a reconnu Fisher. « Ce serait bien mieux si vous étiez anglais et bien mieux si vous aviez déjà joué fair-play. Mais ce que je suis venu dire peut être dit très brièvement. Je ne sais pas vraiment quelle est notre position quant à la loi concernant cette vieille histoire de Hawker, mais mon objectif principal est d'empêcher que l'Angleterre soit entièrement gouvernée par des gens comme vous. Donc , quoi que dise la loi, je n'en dirai pas plus si vous vous retirez immédiatement des élections.

"Vous êtes manifestement un fou", a déclaré Verner.

"Ma psychologie est peut-être un peu anormale", a répondu Horne Fisher, d'une manière plutôt floue. « Je suis sujet aux rêves, surtout aux rêveries. Parfois, ce qui m'arrive s'accentue d'une curieuse double manière, comme si cela s'était produit auparavant. Avez-vous déjà eu ce sentiment mystique que des choses se sont déjà produites ? »

"J'espère que vous êtes un fou inoffensif", a déclaré Verner.

Mais Fisher regardait toujours d'un air absent les figures gigantesques dorées et les entrelacs bruns et rouges des tapisseries des murs ; puis il regarda de nouveau Verner et reprit : « J'ai le sentiment que cet entretien s'est déjà produit, ici dans cette pièce tapissée, et nous sommes deux fantômes revisitant une chambre hantée. Mais c'est Squire Hawker qui était assis à votre place et c'est vous qui vous teniez à ma place. Il s'arrêta un moment puis ajouta, avec simplicité : "Je suppose que je suis aussi un maître chanteur."

"Si c'est le cas", dit Sir Francis, "je vous promets que vous irez en prison." Mais son visage avait une teinte qui ressemblait au reflet du vin vert qui brillait sur la table. Horne Fisher le regarda fixement et répondit assez doucement :

« Les maîtres chanteurs ne vont pas toujours en prison. Parfois, ils vont au Parlement. Mais même si le Parlement est déjà assez pourri, vous n'y irez pas si je peux l'aider. Je ne suis pas aussi criminel que vous l'étiez en négociant avec le crime. Vous avez obligé un écuyer à abandonner sa résidence de campagne. Je vous demande seulement de renoncer à votre siège parlementaire.

Sir Francis Verner se leva d'un bond et chercha autour de lui l'une des cordes de cloche de la pièce démodée aux rideaux.

« Où est Usher ? s'écria-t-il avec un visage livide.

« Et qui est Usher ? » » dit doucement Fisher. "Je me demande dans quelle mesure Usher connaît la vérité."

La main de Verner tomba de la corde de la cloche et, après être resté debout un moment avec les yeux roulants, il quitta brusquement la pièce. Fisher ne passa que par l'autre porte par laquelle il était entré, et, ne voyant aucun signe d'Usher, sortit et se dirigea de nouveau vers la ville.

Cette nuit-là, il mit une lampe électrique dans sa poche et partit seul dans l'obscurité pour ajouter les derniers maillons de son argumentation. Il y avait beaucoup de choses qu'il ne savait pas encore ; mais il pensait savoir où trouver ces connaissances. La nuit se termina sombre et orageuse et la brèche noire dans le mur paraissait plus noire que jamais ; le bois semblait être devenu plus épais et plus sombre en un jour. Si le lac déserté, avec ses bois noirs, ses urnes et ses images grises, semblait désolé même à la lumière du jour, sous la nuit et la tempête grandissante, il ressemblait encore davantage à l'étang d'Achéron au pays des âmes perdues. A mesure qu'il marchait prudemment le long des pierres de la jetée, il semblait s'enfoncer de plus en plus loin dans l'abîme de la nuit et avoir laissé derrière lui les derniers points d'où il était possible de faire signe au pays des vivants. Le lac semblait être devenu plus grand qu'une mer, mais une mer d'eaux noires et visqueuses qui dormaient avec une abominable sérénité, comme si elles avaient emporté le monde. Il y avait tellement de ce sentiment cauchemardesque d'extension et d'expansion qu'il fut étrangement surpris de venir si tôt sur son île déserte. Mais il le connaissait pour un lieu de silence et de solitude inhumains ; et il avait l'impression de marcher depuis des années.

Retrouvant une humeur plus normale, il s'arrêta sous l'un des dragonniers sombres qui se ramifiaient au-dessus de lui et, sortant sa torche, se tourna en direction de la porte à l'arrière du temple. Elle était déverrouillée comme auparavant, et la pensée lui vint faiblement qu'elle était légèrement ouverte, ne serait-ce que par une fissure. Cependant, plus il y pensait, plus il devenait certain qu'il ne s'agissait là que d'une des illusions courantes de lumière venant d'un angle différent. Il étudia avec un esprit plus scientifique les détails de la porte, avec ses verrous et charnières rouillés, lorsqu'il prit conscience de quelque chose très près de lui, presque au-dessus de sa tête. Quelque chose pendait à l'arbre qui n'était pas une branche cassée. Pendant quelques secondes, il resta immobile comme une pierre et aussi froid. Ce qu'il a vu au-dessus de lui, ce sont les jambes d'un homme pendu, vraisemblablement un mort pendu. Mais l'instant d'après, il sut mieux. L'homme était littéralement vivant et en pleine forme ; et un instant après, il était tombé au sol et s'était retourné contre l'intrus. Simultanément, trois ou quatre autres arbres semblaient prendre vie de la même façon. Cinq ou six autres personnages étaient tombés sur leurs pieds depuis ces nids contre nature. C'était comme si l'endroit était une île aux singes. Mais un instant après, ils s'étaient précipités vers lui, et lorsqu'ils lui posèrent la main, il comprit que c'étaient des hommes.

La torche électrique à la main, il frappa si violemment au visage le premier d'entre eux que l'homme trébucha et se retourna sur l'herbe gluante ; mais la torche fut brisée et éteinte, laissant tout dans une obscurité plus dense. Il jeta un autre homme à plat contre le mur du temple, de sorte qu'il glissa à terre ; mais un troisième et un quatrième soulevèrent Fisher et commencèrent à le porter, en se débattant, vers la porte. Même dans la confusion de la bataille, il était conscient que la porte était ouverte. Quelqu'un invoquait les brutaux de l'intérieur.

Dès qu'ils furent à l'intérieur, ils le jetèrent sur une sorte de banc ou de lit avec violence, mais sans dommage ; car le canapé, ou quoi que ce soit, semblait être confortablement rembourré pour sa réception. Leur violence contenait une grande part de précipitation, et avant qu'il ait pu se lever , ils s'étaient tous précipités vers la porte pour s'échapper. Quels que soient les bandits qui infestaient cette île déserte, ils étaient visiblement inquiets de leur travail et très impatients d'en être libérés. Il avait l'impression que les criminels ordinaires ne seraient guère dans une telle panique. L'instant d'après, la grande porte s'est écrasée et il a pu entendre les verrous hurler alors qu'ils tiraient sur leur place, et les pieds des hommes en retraite trottiner et trébucher le long de la chaussée. Mais aussi rapide que cela se soit produit, cela ne s'est pas produit avant que Fisher n'ait fait quelque chose qu'il voulait faire. Incapable de se relever de son attitude étalée en un éclair, il avait sorti une de ses longues jambes et l'avait accrochée à la cheville du dernier homme qui disparaissait par la porte. L'homme a basculé et s'est renversé à l'intérieur de la cellule de la prison, et la porte s'est refermée entre lui et ses compagnons en fuite. Visiblement , ils étaient trop pressés de se rendre compte qu'ils avaient laissé derrière eux un membre de leur entreprise.

L'homme se releva de nouveau et frappa violemment la porte avec des coups de pied et de coups de pied. Le sens de l'humour de Fisher commença à se remettre de la lutte et il s'assit sur son canapé avec un peu de sa nonchalance natale. Mais alors qu'il écoutait le ravisseur captif frapper à la porte de la prison, une réflexion nouvelle et curieuse lui vint.

La démarche naturelle pour un homme souhaitant ainsi attirer l'attention de ses amis serait d'appeler, de crier ainsi que de donner des coups de pied. Cet homme faisait autant de bruit qu'il pouvait avec ses pieds et ses mains, mais aucun son ne sortait de sa gorge. Pourquoi ne pouvait-il pas parler ? Au début , il crut que l'homme était peut-être bâillonné, ce qui était manifestement absurde. Puis son imagination retomba sur la vilaine idée que cet homme était stupide. Il savait à peine pourquoi c'était une idée si laide, mais cela affectait son imagination d'une manière sombre et disproportionnée. Il semblait y avoir quelque chose d'effrayant dans l'idée de se retrouver dans une pièce sombre avec un sourd-muet. C'était presque comme si un tel défaut était une difformité. C'était presque comme si cela s'accompagnait d'autres déformations encore plus graves. C'était comme si la forme qu'il ne pouvait pas tracer dans l'obscurité était une forme qui ne devrait pas voir le soleil.

Puis il eut un éclair de raison et aussi de perspicacité. L'explication était très simple, mais plutôt intéressante. De toute évidence, l'homme n'a pas utilisé sa voix parce qu'il ne souhaitait pas que sa voix soit reconnue. Il espérait s'échapper de cet endroit sombre avant que Fisher ne découvre qui il était. Et qui était-il ? Une chose au moins était claire. C'était l'un ou l'autre des quatre ou cinq hommes avec qui Fisher avait déjà parlé dans ces régions et dans le développement de cette étrange histoire.

«Maintenant, je me demande qui vous êtes», dit-il à voix haute, avec toute son ancienne urbanité paresseuse. « Je suppose que cela ne sert à rien d'essayer de vous étrangler pour le découvrir ; il serait déplaisant de passer la nuit avec un cadavre. En plus, je pourrais être le cadavre. Je n'ai pas d'allumettes et j'ai brisé ma torche, donc je ne peux que spéculer. Qui pourrais-tu être, maintenant ? Réfléchissons.

L'homme ainsi cordialement adressé avait renoncé à tambouriner à la porte et s'était retiré d'un air maussade dans un coin tandis que Fisher continuait de s'adresser à lui dans un monologue fluide.

« Vous êtes probablement le braconnier qui dit qu'il n'est pas un braconnier. Il dit qu'il est propriétaire foncier ; mais il me permettra de lui dire que, quoi qu'il soit, c'est un imbécile. Quel espoir peut-on jamais avoir d'une paysannerie libre en Angleterre si les paysans eux-mêmes sont tellement snobs qu'ils veulent être des gentlemen ? Comment pouvons-nous créer une démocratie sans démocrates ? Dans l'état actuel des choses, vous voulez être propriétaire et vous consentez donc à être un criminel. Et en cela, vous savez, vous êtes un peu comme quelqu'un d'autre. Et maintenant j'y pense, peut-être que tu es quelqu'un d'autre.

Il y eut un silence interrompu par la respiration du coin et le murmure de l'orage montant, qui entrait par la petite grille au-dessus de la tête de l'homme. Horne Fisher a poursuivi :

« N'êtes-vous peut-être qu'un serviteur, ce vieux serviteur plutôt sinistre qui était majordome de Hawker et Verner ? Si tel est le cas, vous êtes certainement le seul lien entre les deux périodes. Mais si oui, pourquoi vous dégrader au service de ce sale étranger, alors que vous avez au moins vu le dernier d'une véritable noblesse nationale ? Les gens comme vous sont généralement au moins patriotes. L'Angleterre ne vous dit rien, M. Usher ? Toute cette éloquence est peut-être inutile, car vous n'êtes peut-être pas M. Usher.

« Il est plus probable que vous soyez Verner lui-même ; et il ne sert à rien de gaspiller l'éloquence pour vous faire honte de vous-même. Il ne sert à rien non plus de vous maudire pour avoir corrompu l'Angleterre ; vous n'êtes pas non plus la bonne personne pour maudire. Ce sont les Anglais qui méritent d'être maudits, et sont maudits, parce qu'ils ont permis à une telle vermine de ramper dans les hauts lieux de leurs héros et de leurs rois. Je ne m'attarderai pas sur l'idée que vous êtes Verner, ou que la limitation pourrait commencer, après tout. Y a-t-il quelqu'un d'autre que vous pourriez être ? Vous n'êtes sûrement pas un serviteur de l'autre organisation rivale. Je n'arrive pas à croire que tu es Gryce , l'agent ; et pourtant, Gryce avait aussi une étincelle de fanatique dans les yeux ; et les hommes feront des choses extraordinaires dans ces misérables querelles politiques. Ou si ce n'est pas le serviteur, est-ce le . . . Non, je ne peux pas le croire. . . pas le sang rouge de la virilité et de la liberté. . . pas l'idéal démocratique. . .»

Il se leva d'un bond, et au même moment un grondement de tonnerre retentit à travers la grille au-delà. La tempête s'était levée, et avec elle une nouvelle lumière éclairait son esprit. Il y avait autre chose qui pourrait arriver dans un instant.

"Tu sais ce que ça veut dire?" il pleure. "Cela veut dire que Dieu lui-même peut tenir une bougie pour me montrer ton visage infernal."

Puis l'instant d'après vint un fracas de tonnerre ; mais avant le tonnerre, une lumière blanche avait rempli toute la pièce pendant une fraction de seconde.

Fisher avait vu deux choses devant lui. L'un d'eux était le motif noir et blanc de la grille de fer se détachant sur le ciel ; l'autre était le visage dans le coin. C'était le visage de son frère.

Rien ne sortit des lèvres de Horne Fisher sauf un prénom, suivi d'un silence plus épouvantable que l'obscurité. Finalement, l' autre silhouette remua et bondit, et la voix de Harry Fisher se fit entendre pour la première fois dans cette horrible pièce.

« Vous m'avez vu, je suppose, » dit-il, « et autant avoir de la lumière maintenant. Vous auriez pu l'allumer à tout moment, si vous aviez trouvé l'interrupteur.

Il appuya sur un bouton dans le mur et tous les détails de cette pièce devinrent quelque chose de plus fort que la lumière du jour. En effet, les détails étaient si inattendus qu'ils détournèrent un instant l'esprit du captif de la dernière révélation personnelle. La pièce, loin d'être une cellule de donjon, ressemblait plutôt à un salon, voire à un salon de dame, à l'exception de quelques boîtes de cigares et de bouteilles de vin empilées avec des livres et des magazines sur une table d'appoint. Un second coup d'œil lui montra que les essayages les plus masculins étaient assez récents et que les origines plus féminines étaient assez anciennes. Son regard croisa une bande de tapisserie décolorée, ce qui le fit sursauter, le faisant tomber dans l'oubli momentané de sujets plus importants.

«Cet endroit a été meublé à partir de la grande maison», dit-il.

"Oui", répondit l'autre, "et je pense que tu sais pourquoi."

"Je pense que oui", a déclaré Horne Fisher, "et avant de passer à des choses plus extraordinaires, je dirai ce que je pense. Squire Hawker jouait à la fois le bigame et le bandit. Sa première femme n'était pas morte lorsqu'il épousa la juive ; elle a été emprisonnée sur cette île. Elle lui donna ici un enfant qui hante désormais sa ville natale sous le nom de Long Adam. Un promoteur de société en faillite, Werner, a découvert le secret et a fait chanter l'écuyer pour qu'il cède la succession. Tout cela est très clair et très simple. Et maintenant laissez-moi passer à quelque chose de plus difficile. Et c'est à vous d'expliquer ce que diable vous faites en kidnappant votre frère né.

Après une pause, Henry Fisher répondit :

« Je suppose que vous ne vous attendiez pas à me voir, » dit-il. "Mais après tout, à quoi pouvait-on s'attendre ?"

"J'ai peur de ne pas suivre", a déclaré Horne Fisher.

"Je veux dire, à quoi d'autre pouvais-tu t'attendre, après avoir fait une telle connerie ?" dit son frère d'un ton boudeur. « Nous pensions tous que tu étais si intelligent. Comment pourrions-nous savoir que vous alliez… enfin, vraiment, un échec aussi pourri ?

"C'est plutôt curieux", dit le candidat en fronçant les sourcils. «Sans vanité, je n'avais pas l'impression que ma candidature était un échec. Toutes les grandes réunions ont été couronnées de succès et des foules de gens m'ont promis des votes.

"Je devrais très bien penser que c'était le cas", dit Henry d'un air sombre. « Vous avez fait un glissement de terrain avec vos maudits hectares et une vache, et Verner ne peut guère obtenir de vote nulle part. Oh, c'est trop pourri pour quoi que ce soit !

"Que diable veux-tu dire?"

« Pourquoi, espèce de fou », s'écria Henry d'un ton de sincérité retentissante, «vous ne pensez pas que vous étiez censé gagner *le* siège, n'est-ce pas ? Oh, c'est trop enfantin ! Je vous le dis, Verner doit entrer. Bien sûr , il doit entrer. Il doit avoir l'Échiquier à la prochaine session, et il y a l'emprunt égyptien et Dieu sait quoi d'autre. Nous voulions seulement que vous partagiez le vote réformiste parce que des accidents pourraient survenir après que Hughes ait obtenu un score à Barkington .

« Je vois, dit Fisher, et je pense que vous êtes un pilier et un ornement du Parti réformiste. Comme vous le dites, je ne suis pas intelligent.

L'appel à la loyauté envers le parti est tombé dans l'oreille d'un sourd ; car le pilier de la Réforme couvait autre chose. Enfin il dit, d' une voix plus troublée :

« Je ne voulais pas que tu m'attrapes ; Je savais que ce serait un choc. Mais je te dis quoi, tu ne m'aurais jamais attrapé si je n'étais pas venu ici moi-même, pour veiller à ce qu'ils ne te maltraitent pas et pour m'assurer que tout était aussi confortable que possible. Il y eut même une sorte de cassure dans sa voix lorsqu'il ajouta : "J'ai acheté ces cigares parce que je savais que tu les aimais."

Les émotions sont des choses étranges, et l'idiotie de cette concession adoucit soudain Horne Fisher comme un pathétique insondable.

« Ne vous inquiétez pas, mon vieux, » dit-il ; nous n'en dirons pas davantage. J'admets que vous êtes vraiment un scélérat et un hypocrite aussi bon et affectueux que celui qui s'est jamais vendu pour ruiner son pays. Là, je ne peux pas dire plus beau que ça. Merci pour les cigares, mon vieux. J'en aurai un si cela ne vous dérange pas.

Au moment où Horne Fisher avait fini de raconter cette histoire à Harold March, ils étaient sortis dans l'un des parcs publics et s'étaient assis sur une colline surplombant de vastes espaces verts sous un ciel bleu et vide ; et il y avait quelque chose d'incongru dans les mots par lesquels se terminait le récit.

« Depuis, je suis dans cette pièce », a déclaré Horne Fisher. «J'y suis maintenant. J'ai gagné les élections, mais je ne suis jamais allé à la Chambre. Ma vie a été une vie dans cette petite pièce sur cette île solitaire. Beaucoup de livres, de cigares et de produits de luxe, beaucoup de connaissances, d'intérêt et d'informations, mais jamais une voix ne sort de cette tombe pour atteindre le monde extérieur. J'y mourrai probablement. Et il sourit en regardant le vaste parc verdoyant jusqu'à l'horizon gris.

VIII. LA VENGEANCE DE LA STATUE

C'est sur la véranda ensoleillée d'un hôtel de bord de mer, surplombant un parterre de fleurs et une bande de mer bleue, que Horne Fisher et Harold March ont eu leur dernière explication, que l'on pourrait qualifier d'explosion.

Harold March était venu à la petite table et s'y était assis avec une excitation sourde couvant dans ses yeux bleus quelque peu troubles et rêveurs. Dans les journaux qu'il jeta sur la table, il y avait de quoi expliquer une partie, sinon la totalité, de son émotion. Les affaires publiques dans tous les départements étaient arrivées à une crise. Le gouvernement, qui avait duré si longtemps que les hommes y étaient habitués, comme ils sont habitués à un despotisme héréditaire, commençait à être accusé de bévues et même d'abus financiers. Certains disaient que l'expérience consistant à tenter d'établir une paysannerie dans l'ouest de l'Angleterre, sur le modèle d'une idée ancienne de Horne Fisher, n'avait abouti qu'à de dangereuses querelles avec des voisins plus industriels. Il y avait eu des plaintes particulières concernant les mauvais traitements infligés à des étrangers inoffensifs, principalement des Asiatiques , qui se trouvaient être employés dans les nouveaux ouvrages scientifiques construits sur la côte. En fait, la nouvelle puissance apparue en Sibérie, soutenue par le Japon et d'autres alliés puissants, était encline à s'attaquer à cette question dans l'intérêt de ses sujets exilés ; et il y avait eu des discussions folles sur les ambassadeurs et les ultimatums. Mais quelque chose de bien plus grave, dans l'intérêt personnel de March lui-même, semblait remplir sa rencontre avec son ami d'un mélange d'embarras et d'indignation.

Peut-être que le fait qu'il y ait une certaine vivacité inhabituelle dans la silhouette habituellement langoureuse de Fisher augmentait son agacement. L'image ordinaire de lui dans l'esprit de March était celle d'un gentleman pâle et chauve, qui semblait à la fois prématurément vieux et prématurément chauve. On se souvient de lui comme d'un homme qui exprimait les opinions d'un pessimiste dans le langage d'un paresseux. Même maintenant, March ne pouvait pas être certain si le changement était simplement une sorte de mascarade de soleil, ou cet effet de couleurs claires et de contours nets qui est toujours visible sur le défilé d'une station balnéaire, relevé sur le bleu de la mer. . Mais Fisher avait une fleur à la boutonnière, et son ami aurait juré qu'il portait sa canne avec quelque chose qui ressemblait presque à la fanfaronnade d'un combattant. Avec de tels nuages s'amoncelant sur l'Angleterre, le pessimiste semblait être le seul homme à porter son propre rayon de soleil.

« Écoutez, » dit brusquement Harold March, « vous avez été un ami sans fin pour moi, et je n'ai jamais été aussi fier d'une amitié auparavant ; mais il y a quelque chose que je dois enlever de ma poitrine. Plus j'en apprenais, moins je comprenais comment on pouvait le supporter. Et je vous dis que je ne le supporterai plus.

Horne Fisher le regardait avec gravité et attention, mais plutôt comme s'il était loin.

«Tu sais que je t'ai toujours aimé», dit tranquillement Fisher, «mais je te respecte aussi, ce qui n'est pas toujours la même chose. Vous devinerez peut-être que j'aime beaucoup de gens que je ne respecte pas. C'est peut-être ma tragédie, c'est peut-être ma faute. Mais vous êtes très différents, et je vous promets ceci : je n'essaierai jamais de vous garder comme quelqu'un à apprécier, au prix du non-respect de vous.

"Je sais que vous êtes magnanime", dit March après un silence, "et pourtant vous tolérez et perpétuez tout ce qui est méchant." Puis, après un autre silence, il ajouta : « Vous souvenez-vous de notre première rencontre, lorsque vous pêchiez dans ce ruisseau dans l'affaire de la cible ? Et vous souvenez-vous que vous avez dit qu'après tout, cela ne ferait aucun mal si je pouvais détruire toute cette société en enfer avec de la dynamite.

"Oui, et qu'en est-il de ça?" » demanda Fisher.

« Seulement, je vais le faire exploser à la dynamite », dit Harold March, « et je pense qu'il est juste de vous donner un avertissement raisonnable. Pendant longtemps, je n'ai pas cru que les choses allaient aussi mal que tu le disais. Mais je n'ai jamais eu l'impression d'avoir pu refouler ce que tu savais, à supposer que tu le saches vraiment. Eh bien, pour résumer, j'ai une conscience ; et maintenant, j'ai enfin une chance. J'ai été nommé à la tête d'un grand journal indépendant, avec les mains libres, et nous allons ouvrir une canonnade contre la corruption.»

"Ce sera... Attwood, je suppose", dit Fisher pensivement. "Marchand de bois. Il en sait beaucoup sur la Chine.

"Il en sait beaucoup sur l'Angleterre", a déclaré March avec obstination, "et maintenant je le sais aussi, nous n'allons plus le taire. Les habitants de ce pays ont le droit de savoir comment ils sont gouvernés – ou plutôt ruinés. Le Chancelier est dans la poche des prêteurs et doit faire ce qu'on lui dit ; sinon il est en faillite, et une mauvaise faillite aussi, avec rien que des cartes et des actrices derrière. Le Premier ministre s'occupait du secteur des contrats pétroliers ; et au fond aussi. Le ministre des Affaires étrangères est une épave de boisson et de drogue. Quand vous dites cela clairement à propos d'un homme qui pourrait envoyer des milliers d'Anglais mourir pour rien, on vous traite de personnel. Si un pauvre conducteur de moteur s'enivre et envoie trente ou quarante personnes à la mort, personne ne se plaint du fait que l'exposition est personnelle. Le conducteur du moteur n'est pas une personne.

«Je suis tout à fait d'accord avec vous», dit calmement Fisher. "Tu as parfaitement raison."

« Si vous êtes d'accord avec nous, pourquoi diable n'agissez-vous pas avec nous ? demanda son ami. « Si vous pensez que c'est bien, pourquoi ne faites-vous pas ce qui est bien ? C'est affreux de penser qu'un homme de vos capacités bloque simplement la voie des réformes.»

« Nous en avons souvent parlé », répondit Fisher avec le même sang-froid. « Le Premier ministre est l'ami de mon père. Le ministre des Affaires étrangères a épousé ma sœur. Le Chancelier de l'Échiquier est mon cousin germain. Je viens de mentionner la généalogie en détail tout à l'heure pour une raison particulière. La vérité est que j'ai une curieuse sorte de gaieté en ce moment. Ce n'est pas tout à fait le soleil et la mer, monsieur. Je vis une émotion qui est entièrement nouvelle pour moi ; une sensation heureuse que je ne me souviens jamais avoir ressentie auparavant.

« Que diable veux-tu dire ?

«Je suis fier de ma famille», a déclaré Horne Fisher.

Harold March le regardait avec des yeux bleus ronds et semblait trop perplexe pour même poser une question. Fisher se pencha en arrière sur sa chaise avec sa paresse et sourit tout en continuant.

« Écoutez, mon cher. Permettez-moi de poser une question à mon tour. Vous insinuez que j'ai toujours su ces choses sur mes malheureux parents. Donc j'ai. Pensez-vous qu'Attwood ne les a pas toujours connus ? Pensez-vous qu'il ne vous a pas toujours connu comme un honnête homme qui disait ces choses quand il en avait l'occasion ? Pourquoi Attwood vous débuse-t-il comme un chien en ce moment, après toutes ces années ? Je sais pourquoi il le fait ; Je sais beaucoup de choses, beaucoup trop de choses. Et c'est pourquoi, comme j'ai l'honneur de le dire, je suis enfin fier de ma famille.

"Mais pourquoi?" » répéta March, plutôt faiblement.

"Je suis fier du chancelier parce qu'il a joué, du ministre des Affaires étrangères parce qu'il a bu et du Premier ministre parce qu'il a pris une commission sur un contrat", a déclaré Fisher avec fermeté. « Je suis fier d'eux parce qu'ils ont fait ces choses et qu'ils peuvent être dénoncés pour eux, et je sais qu'ils peuvent être dénoncés pour eux, et ils restent *fermes pour tout cela* . Je leur tire mon chapeau car ils défient le chantage et refusent de briser leur pays pour se sauver. Je les salue comme s'ils allaient mourir sur le champ de bataille.

Après une pause, il poursuivit : « Et ce sera aussi un champ de bataille, et non métaphorique. Nous avons cédé aux financiers étrangers pendant si longtemps que c'est désormais la guerre ou la ruine. Même le peuple, même les gens des campagnes, commencent à soupçonner qu'ils sont en train d'être ruinés. C'est le sens des regrettables incidents rapportés dans les journaux.

« Le sens des outrages commis contre les Orientaux ? » » demanda Mars.

« Le sens des attentats commis contre les Orientaux, répondit Fisher, c'est que les financiers ont introduit la main-d'œuvre chinoise dans ce pays avec l'intention délibérée de réduire les ouvriers et les paysans à la famine. Nos politiciens mécontents ont fait concession sur concession ; et maintenant ils demandent des concessions qui reviennent à ce que nous ordonnions le massacre de nos propres pauvres. Si nous ne combattons pas maintenant, nous ne nous battrons plus jamais. Ils auront mis l'Angleterre dans une situation économique de famine en une semaine. Mais nous allons nous battre maintenant ; Je ne devrais pas me demander s'il y aurait un ultimatum dans une semaine et une invasion dans quinze jours. Bien sûr, toute la corruption et la lâcheté du passé nous gênent ; le pays de l'Ouest est plutôt orageux et incertain, même au point de vue militaire ; et les régiments irlandais là-bas, qui sont censés nous soutenir par le nouveau traité, sont plutôt en mutinerie ; car, bien sûr, ce capitalisme coolie infernal est également encouragé en Irlande. Mais il faut arrêter maintenant ; et si le message de réconfort du gouvernement leur parvient à temps, ils pourraient finalement réapparaître au moment où l'ennemi débarquera. Car ma pauvre vieille bande va enfin tenir bon. Bien sûr , il est tout à fait naturel que, après avoir été blanchis pendant un demi-siècle comme modèles, leurs péchés reviennent sur eux au moment même où ils se comportent comme des hommes pour la première fois de leur vie. Eh bien, je vous le dis, March, je les connais par cœur ; et je sais qu'ils se comportent comme des héros. Chacun d'entre eux devrait avoir une statue, et sur son piédestal des mots comme ceux du plus noble voyou de la Révolution : « Que mon nom soit flétri ; que la France soit libre.

"Bon dieu!" s'écria March, n'irons-nous jamais au fond de vos mines et contremines ?

Après un silence, Fisher répondit d'une voix plus basse, regardant son ami dans les yeux.

"Pensiez-vous qu'il n'y avait que du mal au fond d'eux ?" » demanda-t-il doucement. « Pensiez-vous que je n'avais trouvé que de la saleté dans les mers profondes où le destin m'a jeté ? Croyez-moi, on ne sait jamais le meilleur des hommes avant de connaître le pire à leur sujet. Il n'est pas rassurant de savoir qu'ils ont été exposés au monde comme des œuvres de cire incroyablement impeccables, qui ne se souciaient jamais d'une femme et ne connaissaient pas le sens d'un pot-de-vin. Même dans un palais, la vie peut être bien vécue ; et même dans un Parlement, la vie peut être vécue avec des efforts occasionnels pour bien la vivre. Je vous le dis, cela est aussi vrai pour ces riches imbéciles et ces coquins que pour tout pauvre valet et pickpocket ; que Dieu seul sait à quel point ils ont essayé d'être bons. Dieu seul sait à quoi la conscience peut survivre, ou comment un homme qui a perdu son honneur tentera encore de sauver son âme.

Il y eut un autre silence, et March resta assis à regarder la table et Fisher la mer. Puis Fisher se leva brusquement, attrapa son chapeau et resta fidèle à sa nouvelle vigilance et même à sa pugnacité.

« Écoute, mon vieux, s'écria-t-il, faisons un marché. Avant d'ouvrir votre campagne pour Attwood, venez rester avec nous pendant une semaine, pour savoir ce que nous faisons réellement. Je veux dire avec les Faithful Few, anciennement connus sous le nom de Old Gang, parfois décrits comme le Low Lot. Nous ne sommes en réalité que cinq, bien fixés, et organisant la défense nationale ; et nous vivons comme une garnison dans une sorte d'hôtel en ruine dans le Kent. Venez voir ce que nous faisons réellement et ce qu'il y a à faire, et rendez-nous justice. Et après cela, avec un amour et une affection inaltérables pour vous, publiez et soyez damné.

ainsi qu'au cours de la dernière semaine précédant la guerre, au moment où les événements allaient le plus rapidement, Harold March se retrouva membre d'une sorte de petit groupe de personnes qu'il se proposait de dénoncer. Ils vivaient assez simplement, pour des gens de leurs goûts, dans une vieille auberge en briques brunes bordée de lierre et entourée de jardins plutôt lugubres. À l'arrière du bâtiment, le jardin montait très abruptement jusqu'à une route longeant la crête au-dessus ; et un chemin en zigzag escaladait la pente en angles vifs, tournant de long en large au milieu de conifères si sombres qu'on pourrait plutôt les appeler toujours noirs . Çà et là, sur la pente, des statues avaient toute la froide monstruosité des ornements si mineurs du XVIIIe siècle ; et toute une rangée courait comme sur une terrasse le long de la dernière rive du bas, en face de la porte de derrière. Ce détail s'est d'abord gravé dans l'esprit de March simplement parce qu'il figurait dans la première conversation qu'il a eue avec l'un des ministres du cabinet.

Les ministres du cabinet étaient plutôt plus âgés que ce à quoi il s'était attendu. Le Premier ministre ne ressemblait plus à un garçon, même s'il ressemblait encore un peu à un bébé. Mais c'était un de ces vieux et vénérables bébés, et le bébé avait de doux cheveux gris. Tout en lui était doux, dans son discours et sa façon de marcher ; mais par-dessus tout, sa fonction principale semblait être le sommeil. Les gens restés seuls avec lui s'étaient tellement habitués à ce qu'il ait les yeux fermés qu'ils étaient presque surpris lorsqu'ils réalisaient dans le silence qu'ils étaient grands ouverts et même en train de regarder. Une chose au moins ferait toujours ouvrir les yeux au vieux monsieur. La seule chose qui l'intéressait vraiment dans ce monde était sa passion pour les armes blindées, en particulier les armes orientales, et il parlait pendant des heures des lames de Damas et de l'escrime arabe . Lord James Herries , chancelier de l'Échiquier, était un homme petit, brun et robuste, au visage très pâle et aux manières très maussades, qui contrastaient avec la magnifique fleur de sa boutonnière et son astuce festive consistant à être toujours légèrement trop habillé. C'était un euphémisme de le qualifier d'homme bien connu de la ville. Il y avait peut-être plus de mystère dans la question de savoir comment un homme qui vivait pour le plaisir semblait en tirer si peu de plaisir. Sir David Archer, le ministre des Affaires étrangères, était le seul d'entre eux à être un self-made-man et le seul à ressembler à un aristocrate. Il était grand, mince et très beau, avec une barbe grisonnante ; ses cheveux gris étaient très bouclés et se dressaient même sur le devant en deux boucles rebelles qui semblaient trembler comme les antennes d'un insecte géant, ou s'agiter avec sympathie avec les sourcils touffus et agités au-dessus de ses yeux un peu hagards. Car le ministre des Affaires étrangères ne cachait pas son état quelque peu nerveux, quelle qu'en soit la cause.

« Connaissez-vous cette ambiance où l'on peut crier parce qu'un tapis est tordu ? » dit-il à March, alors qu'ils se promenaient dans le jardin derrière la rangée de statues crasseuses. « Les femmes s'y lancent lorsqu'elles ont travaillé trop dur ; et j'ai travaillé assez dur ces derniers temps, bien sûr. Cela me rend fou quand Herries porte son chapeau un peu de travers — l'habitude de ressembler à un chien gay. Parfois, je jure que je vais le faire tomber. Cette statue de Britannia là-bas n'est pas tout à fait droite ; ça dépasse un peu comme si la dame allait basculer. Le problème, c'est qu'il ne bascule pas et qu'on n'en finisse pas. Vous voyez, il est serré avec un support en fer. Ne soyez pas surpris si je me lève au milieu de la nuit pour le descendre.

Ils arpentèrent le chemin quelques instants en silence, puis il continua. « C'est étrange que ces petites choses paraissent particulièrement importantes alors qu'il y a de plus grandes choses dont il faut s'inquiéter. Nous ferions mieux d'y aller et de travailler.

Horne Fisher a évidemment pris en compte toutes les possibilités névrotiques d'Archer et les habitudes dissipées de Herries ; et quelle que soit sa confiance dans leur fermeté actuelle, il n'a pas demandé indûment leur temps et leur attention, même dans le cas du Premier ministre. Il avait finalement obtenu le consentement de ce dernier pour que les documents importants, avec les ordres aux armées occidentales, soient confiés aux bons soins d'une personne moins visible et plus solide, un de ses oncles nommé Horne Hewitt, un hobereau de campagne plutôt incolore. qui avait été un bon soldat et était le conseiller militaire du comité. Il fut chargé de transmettre l'engagement du gouvernement, ainsi que les plans militaires concertés, au commandement semi-mutin de l'ouest ; et la tâche plus urgente encore était de veiller à ce qu'elle ne tombe pas entre les mains de l'ennemi, qui pourrait surgir à tout moment de l'est. Outre ce militaire, la seule autre personne présente était un officier de police, un certain docteur Prince, à l'origine chirurgien de la police et aujourd'hui détective distingué, envoyé comme garde du corps du groupe. C'était un homme au visage carré, avec de grandes lunettes et une grimace qui exprimait l'intention de se taire. Personne d'autre n'a partagé leur captivité à l'exception du propriétaire de l'hôtel, un Kentish croustillant au visage de pomme sauvage, un ou deux de ses serviteurs et un autre serviteur attaché en privé à Lord James Herries . C'était un jeune Écossais nommé Campbell, qui avait l'air beaucoup plus distingué que son maître à l'air bilieux, ayant des cheveux châtains et un long visage saturnien aux traits larges mais fins. Il était probablement la seule personne vraiment efficace dans la maison.

Après environ quatre jours de conseil informel, March en était venu à ressentir une sorte de sublimité grotesque à l'égard de ces personnages douteux, défiants au crépuscule du danger, comme s'ils étaient des bossus et des estropiés laissés seuls pour défendre une ville. Tous travaillaient dur ; et lui-même leva les yeux après avoir écrit une page de mémorandums dans une chambre privée pour voir Horne Fisher debout sur le pas de la porte, habillé comme pour voyager. Il lui semblait que Fisher paraissait un peu pâle ; et au bout d'un moment ce monsieur ferma la porte derrière lui et dit doucement :

« Eh bien, le pire est arrivé. Ou presque le pire.

« L'ennemi a débarqué », s'écria March en se levant de sa chaise.

"Oh, je savais que l'ennemi allait atterrir", a déclaré Fisher avec sang-froid. « Oui, il a atterri ; mais ce n'est pas le pire qui puisse arriver. Le pire, c'est qu'il y a une fuite, même depuis notre forteresse. Cela a été un peu un choc pour moi, je peux vous le dire ; même si je suppose que c'est illogique. Après tout, j'étais plein d'admiration à l'idée de trouver trois hommes honnêtes en politique. Je ne devrais pas être très étonné si je n'en trouve que deux.

Il réfléchit un moment puis dit, de telle manière que March pouvait à peine dire s'il changeait de sujet ou non :

« Au premier abord, il est difficile de croire qu'un type comme Herries , qui s'est mariné dans un étau comme du vinaigre, puisse encore avoir le moindre scrupule. Mais à ce propos, j'ai remarqué une chose curieuse. Le patriotisme n'est pas la première vertu. Le patriotisme pourrit en prussianisme quand on prétend qu'il est la première vertu. Mais le patriotisme est parfois la dernière vertu. Celui qui ne vendra pas son pays escroquera ou séduira. Mais qui sait?"

"Mais que faire ?" s'écria March avec indignation.

« Mon oncle a les papiers en sécurité, » répondit Fisher, « et il les envoie vers l'ouest ce soir ; mais quelqu'un essaie de les atteindre de l'extérieur, je le crains, avec l'aide de quelqu'un de l'intérieur. Tout ce que je peux faire pour le moment, c'est essayer d'éloigner l'homme dehors ; et je dois m'enfuir maintenant et le faire. Je serai de retour dans vingt-quatre heures environ. Pendant mon absence, je veux que vous gardiez un œil sur ces gens et que vous découvriez ce que vous pouvez. Au revoir." Il a disparu dans les escaliers ; et depuis la fenêtre, March pouvait le voir monter sur une moto et s'éloigner vers la ville voisine.

Le lendemain matin, March était assis près de la fenêtre de l'ancien salon de l'auberge, qui était lambrissé de chêne et d'ordinaire plutôt sombre ; mais cette fois-là, elle était pleine de la lumière blanche d'un matin curieusement clair : la lune brillait brillamment depuis deux ou trois nuits. Lui-même était un peu dans l'ombre, dans le coin du siège près de la fenêtre ; et Lord James Herries , arrivant précipitamment du jardin derrière, ne le vit pas. Lord James s'agrippa au dossier d'une chaise, comme pour se retenir, et, s'asseyant brusquement à la table jonchée du dernier repas, se versa un verre d'eau-de-vie et le but. Il était assis dos à March, mais son visage jaune apparaissait dans un miroir rond au-delà et la teinte de celui-ci ressemblait à celle d'une horrible maladie. Alors que March avançait, il sursauta violemment et se retourna.

"Mon Dieu!" s'écria-t-il, as-tu vu ce qu'il y a dehors ?

"Dehors?" répéta l'autre en regardant le jardin par-dessus son épaule.

"Oh, va chercher par toi-même", s'écria Herries avec une sorte de fureur. "Hewitt a été assassiné et ses papiers volés, c'est tout."

Il tourna de nouveau le dos et s'assit avec un bruit sourd ; ses épaules carrées tremblaient. Harold March se précipita vers le jardin arrière avec sa pente raide de statues.

La première chose qu'il vit fut le docteur Prince, le détective, scrutant quelque chose au sol à travers ses lunettes ; la seconde était la chose qu'il regardait. Même après les nouvelles sensationnelles qu'il avait entendues à l'intérieur, cette vision faisait sensation.

La monstrueuse image de pierre de Britannia gisait à plat ventre, face contre terre, sur l'allée du jardin ; et là dépassaient au hasard en dessous, comme les jambes d'une mouche écrasée, un bras vêtu d'une manche de chemise blanche et une jambe vêtue d'un pantalon kaki, et des cheveux d'un gris sable incomparable qui appartenaient au malheureux oncle de Horne

Fisher. Il y avait des mares de sang et les membres étaient assez raides à cause de la mort.

« Cela ne pourrait-il pas être un accident ? dit March, trouvant enfin ses mots.

« Cherchez par vous-même, dis-je », répéta la voix dure d' Herries , qui l'avait suivi avec des mouvements agités hors de la porte. « Les papiers ont disparu, je vous le dis. L'homme a arraché le manteau du cadavre et a découpé les papiers de la poche intérieure. Il y a le manteau là-bas sur la berge, avec la grande entaille dedans.»

«Mais attendez une minute», dit doucement le détective Prince. « Dans ce cas, il semble y avoir quelque chose de mystérieux. Un meurtrier aurait pu, d'une manière ou d'une autre, réussir à lui jeter la statue, comme il semble l'avoir fait. Mais je parie qu'il n'aurait pas pu le relever facilement. J'ai essayé; et je suis sûr qu'il lui faudrait au moins trois hommes. Il faut pourtant supposer, selon cette théorie, que le meurtrier l'a d'abord renversé au passage, utilisant la statue comme un gourdin de pierre, puis l'a relevée, l'a fait sortir et l'a privé de son manteau, puis l'a remis en place. dans la posture de la mort et replaça soigneusement la statue. Je vous dis que c'est physiquement impossible. Et comment aurait-il autrement pu déshabiller un homme couvert de ce monument en pierre ? C'est pire que le tour du prestidigitateur, lorsqu'un homme enlève un manteau avec les poignets attachés.

« Aurait-il pu jeter la statue après avoir dépouillé le cadavre ? » demanda Mars.

"Et pourquoi?" » demanda sèchement Prince. « S'il avait tué son homme et récupéré ses papiers, il serait parti comme le vent. Il ne se promènerait pas dans un jardin pour fouiller les socles des statues. D'ailleurs… Bonjour, qui est-ce là-haut ?

Au sommet de la crête au-dessus d'eux, dessinée en fines lignes sombres sur le ciel, se trouvait une silhouette si longue et si mince qu'elle ressemblait presque à une araignée. La silhouette sombre de la tête montrait deux petites touffes ressemblant à des cornes ; et ils auraient presque juré que les cornes bougeaient.

"Archer!" » cria Herries avec une passion soudaine, et l'appela en l'injuriant de descendre. La silhouette recula au premier cri, avec un mouvement agité si brusque qu'on pourrait presque l'appeler une pitrerie. L'instant suivant, l'homme parut reconsidérer sa décision et se ressaisir, et commença à descendre l'allée du jardin en zigzag, mais avec une réticence évidente, ses pieds tombant à un rythme de plus en plus lent. Dans l'esprit de March résonnaient les phrases que cet homme lui-même avait utilisées, à propos de devenir fou au milieu de la nuit et de détruire la silhouette de pierre. Juste pour cela, il imaginait que le maniaque qui avait commis une telle chose pourrait gravir la crête de la colline, de cette façon fiévreuse dansante, et regarder de haut l'épave qu'il avait faite. Mais l'épave qu'il avait faite ici n'était pas seulement une épave de pierre.

Lorsque l'homme déboucha enfin sur l'allée du jardin, avec toute la lumière sur son visage et sa silhouette, il marchait certes lentement, mais facilement, et sans aucune apparence de peur.

"C'est une chose terrible", a-t-il déclaré. « Je l'ai vu d'en haut ; Je me promenais le long de la crête.

« Voulez-vous dire que vous avez vu le meurtre ? » » demanda March, « ou l'accident ? Je veux dire, as-tu vu la statue tomber ?

"Non", dit Archer, "je veux dire, j'ai vu la statue tomber."

Prince semblait n'y prêter que peu d'attention ; son œil était rivé sur un objet qui traînait sur le chemin, à un ou deux mètres du cadavre. Cela ressemblait à une barre de fer rouillée et courbée à une extrémité.

« Une chose que je ne comprends pas, dit-il, c'est tout ce sang. Le crâne du pauvre garçon n'est pas brisé ; il est fort probable que son cou soit cassé ; mais le sang semble avoir jailli comme si toutes ses artères étaient coupées. Je me demandais si un autre instrument. . . cette chose en fer, par exemple ; mais je ne pense pas que même cela soit assez précis. Je suppose que personne ne sait ce que c'est.

"Je sais ce que c'est", dit Archer de sa voix grave mais quelque peu tremblante. «Je l'ai vu dans mes cauchemars. C'était la pince ou l'étai en fer sur le piédestal, collé pour maintenir la misérable image droite lorsqu'elle commençait à vaciller, je suppose. De toute façon, il était toujours coincé là-bas dans la maçonnerie ; et je suppose qu'il est sorti lorsque la chose s'est effondrée.

Le docteur Prince hocha la tête, mais il continua de regarder les mares de sang et la barre de fer.

« Je suis certain qu'il y a quelque chose de plus en dessous de tout cela », dit-il enfin. « Peut-être quelque chose de plus sous la statue. J'ai l'impression que c'est le cas. Nous sommes quatre hommes maintenant et à eux deux, nous pouvons élever cette grande pierre tombale.

Ils ont tous consacré leurs forces à l'entreprise ; il y eut un silence hormis une respiration lourde ; puis, après un instant de vacillement et de chancelement de huit jambes, la grande colonne de roche sculptée fut roulée, et le corps couché dans sa chemise et son pantalon fut entièrement révélé. Les lunettes du docteur Prince semblaient presque s'agrandir avec un éclat retenu comme de grands yeux ; car d'autres choses furent également révélées. L'une d'elles était que le malheureux Hewitt avait une profonde entaille à la jugulaire, que le médecin triomphant a immédiatement identifié comme ayant été faite avec un fil d'acier tranchant comme un rasoir. L'autre était qu'immédiatement sous la berge se trouvaient trois morceaux d'acier brillants, chacun près d'un pied de long, l'un pointu et l'autre inséré dans une garde ou un manche magnifiquement orné de pierres précieuses. C'était évidemment une sorte de long couteau oriental, assez long pour être appelé une épée, mais avec un curieux tranchant ondulé ; et il y avait une ou deux touches de sang sur la pointe.

« J'aurais dû m'attendre à plus de sang, ce n'est pas vraiment pertinent », observa pensivement le docteur Prince, « mais c'est certainement l'instrument. L'entaille a certainement été faite avec une arme en forme de celle-ci, et probablement l'entaille de la poche aussi. Je suppose que la brute a jeté la statue pour lui offrir des funérailles publiques.

March ne répondit pas ; il était fasciné par les pierres étranges qui brillaient sur l'étrange poignée de l'épée ; et leur signification possible s'élargissait sur lui comme une aube terrible. C'était une curieuse arme asiatique. Il savait quel nom était associé dans sa mémoire à de curieuses armes asiatiques. Lord James lui exprima sa pensée secrète, et pourtant cela le surprit comme si cela n'avait aucun rapport avec lui.

« Où est le Premier ministre ? Herries avait pleuré soudainement, comme un aboiement de chien lors d'une découverte.

Le docteur Prince tourna vers lui ses lunettes et son visage sombre ; et c'était plus sombre que jamais.

"Je ne le trouve nulle part", a-t-il déclaré. « Je l'ai cherché immédiatement, dès que j'ai constaté que les papiers avaient disparu. Votre serviteur, Campbell, a effectué une recherche très efficace, mais il n'y a aucune trace.

Il y eut un long silence, à la fin duquel Herries poussa un autre cri, mais sur une note entièrement nouvelle.

« Eh bien, vous n'avez plus besoin de le chercher, dit-il, car le voici, accompagné de votre ami Fisher. On dirait qu'ils ont fait une petite visite à pied.

Les deux personnages qui s'approchaient du chemin étaient en effet ceux de Fisher, éclaboussé par la boue du voyage et portant une égratignure semblable à celle d'une ronce sur un côté de son front chauve, et du grand homme d'État aux cheveux gris qui ressemblait à un bébé. et s'intéressait aux épées et à l'escrime orientales . Mais au-delà de cette reconnaissance corporelle, March ne pouvait comprendre ni la tête ni la queue de leur présence ou de leur attitude, ce qui semblait donner une dernière touche d'absurdité à tout ce cauchemar. Plus il les observait de près, alors qu'ils écoutaient les révélations du détective, plus il était perplexe devant leur attitude : Fisher semblait attristé par la mort de son oncle, mais à peine choqué ; L'homme plus âgé semblait penser presque ouvertement à autre chose, et aucun des deux n'avait rien à suggérer d'une poursuite ultérieure de l'espion et meurtrier fugitif, malgré l'importance prodigieuse des documents qu'il avait volés. Quand le détective était parti s'occuper de ce département, téléphoner et rédiger son rapport, quand Herries était retourné, probablement vers la bouteille de cognac, et que le Premier ministre s'était tranquillement éloigné vers un fauteuil confortable dans une autre partie. du jardin, Horne Fisher a parlé directement à Harold March.

« Mon ami, dit-il, je veux que tu viennes avec moi immédiatement ; il n'y a personne d'autre en qui je puisse faire autant confiance. Le voyage nous prendra la majeure partie de la journée, et les affaires principales ne pourront être accomplies qu'à la tombée de la nuit. Nous pourrons ainsi en discuter en profondeur en cours de route. Mais je veux que tu sois avec moi ; car je pense plutôt que c'est mon heure.

March et Fisher avaient tous deux des motos ; et la première moitié de leur voyage consista à se diriger vers l'est au milieu du bruit sans conversation de ces moteurs inconfortables. Mais lorsqu'ils débouchèrent au-delà de Cantorbéry, dans les plaines de l'est du Kent, Fisher s'arrêta dans un agréable petit pub au bord d'un ruisseau endormi ; et ils s'assirent pour manger, pour boire et pour parler presque pour la première fois. C'était un après-midi brillant, les oiseaux chantaient dans le bois derrière, et le soleil brillait en plein sur leur banc de bière et leur table ; mais le visage de Fisher, dans la forte lumière du soleil, avait une gravité jamais vue auparavant.

« Avant d'aller plus loin, dit-il, il y a quelque chose que vous devez savoir. Vous et moi avons vu des choses mystérieuses et sommes allés au fond des choses auparavant ; et il est normal que vous alliez au fond de cette affaire. Mais en abordant la mort de mon oncle, je dois commencer à l'autre bout, là où nos vieilles histoires de détective ont commencé. Je vais vous donner tout à l'heure les étapes de la déduction, si vous voulez les écouter ; mais je n'ai pas atteint la vérité par des étapes de déduction. Je vais tout d'abord vous dire la vérité elle-même, car je connaissais la vérité dès le début. Les autres cas, je les ai abordés de l'extérieur, mais dans ce cas, j'étais à l'intérieur. J'étais moi-même au cœur et au centre de tout.

Quelque chose dans les paupières pendantes et les yeux gris graves de l'orateur secoua soudain March jusqu'à ses fondations ; et il s'écria distraitement : « Je ne comprends pas ! comme le font les hommes quand ils craignent de comprendre. Il n'y eut aucun son pendant un espace, à part le bavardage joyeux des oiseaux, puis Horne Fisher dit calmement :

«C'est moi qui ai tué mon oncle. Si vous en voulez particulièrement davantage, c'est moi qui lui ai volé les papiers de l'État.

"Pêcheur!" s'écria son ami d'une voix étranglée.

« Laissez-moi tout vous dire avant de nous séparer, continua l'autre, et permettez-moi de vous le dire, par souci de clarté, comme nous posions autrefois nos anciens problèmes. Il y a deux choses qui intriguent les gens à propos de ce problème, n'est-ce pas ? La première est la façon dont le meurtrier a réussi à ôter le manteau du mort, alors qu'il était déjà cloué au sol avec cet incube de pierre. L'autre, qui est beaucoup plus petite et moins déroutante, est le fait que l'épée qui lui a tranché la gorge est légèrement tachée à la pointe, au lieu d'être beaucoup plus tachée au bord. Eh bien, je peux répondre facilement à la première question. Horne Hewitt a enlevé son propre manteau avant d'être tué. Je pourrais dire qu'il a enlevé son manteau pour se faire tuer.

« Appellez-vous cela une explication ? » s'exclama Mars. "Les mots semblent plus dénués de sens que les faits."

"Eh bien, passons aux autres faits", continua Fisher d'un ton égal. "La raison pour laquelle cette épée particulière n'est pas tachée du sang de Hewitt sur le bord est qu'elle n'a pas été utilisée pour tuer Hewitt."

"Mais le médecin", protesta March, "déclara clairement que la blessure avait été faite par cette épée particulière."

«Je vous demande pardon», répondit Fisher. « Il n'a pas déclaré qu'elle avait été fabriquée avec cette épée en particulier. Il a déclaré qu'elle avait été fabriquée avec une épée de ce modèle particulier.

"Mais c'était un schéma assez étrange et exceptionnel", a soutenu March ; "C'est sûrement une coïncidence bien trop fantastique pour imaginer..."

"C'était une coïncidence fantastique", a déclaré Horne Fisher. « C'est extraordinaire les coïncidences qui se produisent parfois. Par le plus étrange hasard du monde, par une chance sur un million, il se trouva qu'une autre épée exactement de la même forme se trouvait dans le même jardin au même moment. Cela peut s'expliquer en partie par le fait que je les ai moi-même amenés tous les deux dans le jardin . . . viens, mon cher ; vous pouvez sûrement voir maintenant ce que cela signifie. Mettez ces deux choses ensemble ; il y avait deux épées en double et il ôta son manteau pour lui-même. Cela peut aider vos spéculations de vous rappeler que je ne suis pas exactement un assassin.

« Un duel ! » s'exclama March en se reprenant. « Bien sûr, j'aurais dû y penser. Mais qui était l'espion qui a volé les papiers ?

« Mon oncle était l'espion qui a volé les papiers », a répondu Fisher, « ou qui a essayé de voler les papiers lorsque je l'ai arrêté — de la seule façon possible. Les journaux, qui auraient dû aller vers l'ouest pour rassurer nos amis et leur donner les plans pour repousser l'invasion, auraient été en quelques heures entre les mains de l'envahisseur. "Que pouvais-je faire?" Dénoncer un de nos amis à ce moment-là aurait été faire le jeu de votre ami Attwood et de tout le parti de la panique et de l'esclavage. Il se peut d'ailleurs qu'un homme de plus de quarante ans ait un désir inconscient de mourir comme il a vécu, et que j'aie voulu, en un sens, emporter mes secrets dans la tombe. Peut-être qu'un passe-temps se durcit avec l'âge ; et mon passe-temps a été le silence. Peut-être ai-je l'impression d'avoir tué le frère de ma mère, mais j'ai sauvé le nom de ma mère. Quoi qu'il en soit, j'ai choisi un moment où je savais que vous dormiez tous et qu'il se promenait seul dans le jardin. J'ai vu toutes les statues de pierre debout au clair de lune ; et moi-même j'étais comme une de ces statues de pierre qui marchent. D'une voix qui n'était pas la mienne, je lui ai raconté sa trahison et j'ai exigé les papiers ; et comme il refusait, je le forçai à prendre une des deux épées. Les épées faisaient partie de quelques spécimens envoyés ici pour inspection par le Premier ministre ; c'est un collectionneur, vous savez ; c'étaient les seules armes égales que je pouvais trouver. Pour faire court à une vilaine histoire, nous nous sommes battus là-bas sur le chemin devant la statue de Britannia ; c'était un homme d'une grande force, mais j'avais un peu l'avantage en termes d'habileté. Son épée m'a effleuré le front presque au moment où la mienne s'enfonçait dans l'articulation de son cou. Il tomba contre la statue, comme César contre celle de Pompée, en s'accrochant à la rampe de fer ; son épée était déjà brisée. Quand j'ai vu le sang de cette blessure mortelle, tout le reste m'a quitté ; J'ai laissé tomber mon épée et j'ai couru comme pour le soulever. Alors que je me penchais vers lui, quelque chose s'est produit trop vite pour que je puisse le suivre. Je ne sais pas si la barre de fer était pourrie par la rouille et s'est détachée dans sa main, ou s'il l'a arrachée du rocher avec sa force de singe ; mais l'objet était dans sa main, et avec ses énergies mourantes, il le balança au-dessus de ma tête, tandis que j'étais à genoux, désarmé, à côté de lui. J'ai levé les yeux d'un air effaré pour éviter le coup, et j'ai vu au-dessus de nous la grande partie du Britannia penchée vers l'extérieur comme la figure de proue d'un navire. L'instant suivant, je vis qu'il s'inclinait d'un pouce ou deux de plus que d'habitude, et tous les cieux avec leurs étoiles remarquables semblaient pencher avec lui. Pendant la troisième seconde, ce fut comme si le ciel tombait ; et dans la quatrième, je me tenais dans le jardin tranquille, contemplant cette ruine plate de pierre et d'os que vous regardiez aujourd'hui. Il avait arraché le dernier support qui retenait la déesse britannique, et elle était tombée et avait écrasé le traître dans sa chute. Je me suis retourné et je me suis précipité vers le manteau qui, je le savais, contenait le paquet, je l'ai déchiré avec mon épée et j'ai couru le long de l'allée du jardin jusqu'à l'endroit où ma moto attendait sur la route au-dessus. J'avais toutes les raisons de me hâter ; mais je m'enfuis sans me retourner vers la statue et le corps ; et je pense que ce que j'ai fui, c'est la vue de cette allégorie épouvantable.

«Ensuite, j'ai fait le reste de ce que j'avais à faire. Toute la nuit, jusqu'à l'aube et à la lumière du jour, j'ai parcouru les villages et les marchés du sud de l'Angleterre comme une balle voyageuse, jusqu'à ce que j'arrive au quartier général de l'Ouest où se trouvaient les problèmes. J'étais juste à temps. J'ai pu afficher sur place, pour ainsi dire, la nouvelle que le gouvernement ne les avait pas trahis et qu'ils trouveraient des appuis s'ils poussaient vers l'est contre l'ennemi. Nous n'avons pas le temps de vous raconter tout ce qui s'est passé ; mais je vous dis que c'était le jour de ma vie. Un triomphe comme une retraite aux flambeaux, avec des flambeaux qui auraient pu être des tisons. Les mutineries se sont calmées ; les hommes du Somerset et des comtés de l'Ouest affluèrent sur les places de marché ; les hommes qui sont morts avec Arthur et ont tenu bon avec Alfred. Les régiments irlandais se rallièrent à eux, après une scène semblable à une émeute, et marchèrent vers l'est hors de la ville en chantant des chants fenians. Il y avait tout ce qu'on ne comprend pas dans le rire sombre de ce peuple, dans la joie avec laquelle, même en marchant avec les Anglais pour défendre l'Angleterre, ils criaient à haute voix : « Haut sur l'arbre à potence se tenait les trois au cœur noble. . . Avec la corde cruelle de l'Angleterre autour d'eux. Cependant, le refrain était « God save Ireland » et nous aurions tous pu le chanter à ce moment-là, dans un sens ou dans un autre.

« Mais ma mission avait un autre aspect. J'avais les plans de la défense ; et dans une large mesure, heureusement, les plans d'invasion aussi. Je ne vous inquiéterai pas avec des stratégies ; mais nous savions où l'ennemi avait poussé la grande batterie qui couvrait tous ses mouvements ; et même si nos amis de l'Ouest pouvaient difficilement arriver à temps pour intercepter le mouvement principal, ils pourraient se mettre à portée d'artillerie de la batterie et la bombarder, s'ils savaient exactement où elle se trouvait. Ils auraient du mal à le savoir à moins que quelqu'un dans les parages n'envoie une sorte de signal. Mais d'une manière ou d'une autre, j'imagine plutôt que quelqu'un le fera.

Sur ce, il se leva de table, et ils remontèrent sur leurs machines et se dirigèrent vers l'est dans le crépuscule du soir qui avançait. Les niveaux du paysage se répétaient en bandes plates de nuages flottants et les dernières couleurs du jour s'accrochaient au cercle de l'horizon. De plus en plus loin derrière eux se dessinait le demi-cercle des dernières collines ; et ce fut tout à coup qu'ils aperçurent au loin la ligne obscure de la mer. Ce n'était pas une bande d'un bleu vif comme ils l'avaient vue depuis la véranda ensoleillée, mais d'un violet sinistre et fumé, une teinte qui semblait menaçante et sombre. Ici, Horne Fisher descendit de cheval une fois de plus.

« Nous devons parcourir le reste du chemin à pied », dit-il, « et pour finir, je dois marcher seul. »

Il se pencha et commença à détacher quelque chose de son vélo. C'était quelque chose qui avait intrigué son compagnon jusqu'au bout, en dépit de ce qui l'obligeait à des énigmes plus intéressantes ; il semblait s'agir de plusieurs longueurs de perche attachées ensemble et enveloppées dans du papier. Fisher le prit sous son bras et commença à se frayer un chemin à travers le gazon. Le sol devenait de plus en plus accidenté et irrégulier et il se dirigeait vers un amas de fourrés et de petits bois ; la nuit devenait de plus en plus sombre à chaque instant. "Nous ne devons plus parler ", a déclaré Fisher. « Je te murmurerai quand tu devras t'arrêter. N'essayez donc pas de me suivre, car cela ne ferait que gâcher le spectacle ; un homme peut à peine ramper en toute sécurité jusqu'à cet endroit, et deux seraient certainement attrapés.

"Je te suivrais n'importe où", répondit March, "mais je m'arrêterais aussi, si cela vaut mieux."

"Je sais que tu le ferais", dit son ami à voix basse. "Peut-être que tu es le seul homme en qui j'ai jamais vraiment fait confiance dans ce monde."

Quelques pas plus loin, ils arrivèrent au bout d'une grande crête ou monticule qui paraissait monstrueux sur le ciel sombre ; et Fisher s'arrêta d'un geste. Il attrapa la main de son compagnon et la tordit avec une violente tendresse, puis s'élança dans l'obscurité. March pouvait vaguement voir sa silhouette ramper sous l'ombre de la crête, puis il la perdit de vue, puis il la revit debout sur un autre monticule à deux cents mètres de là. A côté de lui se dressait une singulière érection faite apparemment de deux tiges. Il se pencha dessus et il y eut un éclat de lumière ; tous les souvenirs d'écolier de March se réveillèrent en lui, et il sut de quoi il s'agissait. C'était le support d'une fusée. Les souvenirs confus et incongrus le possédaient encore jusqu'à l'instant même d'un bruit féroce mais familier ; et un instant après, la fusée quittait son perchoir et s'élevait dans l'espace sans fin comme une flèche étoilée pointée vers les étoiles. March pensa soudain aux signes des derniers jours et sut qu'il regardait le météore apocalyptique de quelque chose comme un Jour de jugement.

Loin dans les cieux infinis, la fusée s'abaissa et bondit en étoiles écarlates. Pendant un instant, tout le paysage, depuis la mer jusqu'au croissant des collines boisées, fut comme un lac de lumière rubis, d'un rouge étrangement riche et glorieux, comme si le monde était imprégné de vin plutôt que de sang, ou que la terre était baignée de sang. étaient un paradis terrestre, sur lequel s'arrêtait pour toujours le moment sanguin du matin.

« Dieu sauve l'Angleterre ! » s'écria Fisher avec une langue semblable au son d'une trompette. "Et maintenant, c'est à Dieu de sauver."

Alors que l'obscurité tombait à nouveau sur la terre et la mer, un autre bruit se fit entendre ; au loin, dans les défilés des collines derrière eux, les canons parlaient comme les aboiements de grands chiens. Quelque chose qui n'était pas une fusée, qui ne sifflait pas mais hurlait, passa au-dessus de la tête d'Harold March et s'étendit au-delà du monticule dans un vacarme léger et assourdissant, bouleversant le cerveau avec une brutalité sonore insupportable. Un autre est arrivé, puis un autre, et le monde était plein de tumulte, de vapeurs volcaniques et de lumière chaotique. L'artillerie de l'Ouest et celle des Irlandais avaient repéré la grande batterie ennemie et la mettaient en pièces.

Dans l'excitation folle de ce moment, March scruta la tempête, cherchant à nouveau la longue silhouette maigre qui se tenait à côté du support de la fusée. Puis un autre éclair éclaira toute la crête. Le chiffre n'était pas là.

Avant que les tirs de la fusée ne se soient éteints du ciel, bien avant que le premier coup de canon ait retenti depuis les collines lointaines, une rafale de tirs de fusil avait jailli et vacillé tout autour depuis les tranchées cachées de l'ennemi. Quelque chose gisait dans l'ombre au pied de la crête, aussi raide que le bâton de la fusée tombée ; et l'homme qui en savait trop savait ce qui valait la peine d'être connu.